21世纪高职高专规划教材·会展策划与管理系列

会展业人力资源管理

刘大卫　编著

中国人民大学出版社

图书在版编目（CIP）数据

会展业人力资源管理/刘大卫编著
北京：中国人民大学出版社，2007
21世纪高职高专规划教材·会展策划与管理系列
ISBN 978-7-300-08721-4

Ⅰ. 会…
Ⅱ. 刘…
Ⅲ. 会展业-劳动力资源-资源管理-高等学校：技术学校-教材
Ⅳ. G245

中国版本图书馆CIP数据核字（2007）第173470号

21世纪高职高专规划教材·会展策划与管理系列
会展业人力资源管理
刘大卫　编著

出版发行	中国人民大学出版社		
社　址	北京中关村大街31号	**邮政编码**	100080
电　话	010－62511242（总编室）		010－62511770（质管部）
	010－82501766（邮购部）		010－62514148（门市部）
	010－62515195（发行公司）		010－62515275（盗版举报）
网　址	http://www.crup.com.cn		
	http://www.ttrnet.com(人大教研网)		
经　销	新华书店		
印　刷	北京鑫丰华彩印有限公司		
规　格	170 mm×228 mm　16开本	**版　次**	2008年1月第1版
印　张	10	**印　次**	2016年11月第2次印刷
字　数	189 000	**定　价**	15.00元

目录

第1章 会展业人力资源管理概述

导入案例 海尔认为：人人是人才

海尔崇尚人人是人才的哲学，认为企业的发展离不开各种人才的支持。每个人都有其长处，正所谓尺有所短，寸有所长。只要员工在自己的职位上，不断做出贡献，不断前进和有所提高，那么他就是企业需要的有用之才。因此，海尔为每一位员工提供成才的机会，搭建发挥才干的平台，这成为海尔人力资源管理的出发点和落脚点。用海尔集团首席执行官张瑞敏的话说就是："你能翻多大的跟头，就给你搭多大的舞台"。每个员工都有实现自己价值和被社会承认的需要，作为企业管理者就有责任为员工营造一个施展自己才华、实现自己价值的环境和氛围，使职工开发出自己的潜能，贡献出自己的才智，从而使企业具有源源不断的生机和活力。张瑞敏更形象地说："海尔应该像海，不仅要揽五湖四海有用之才，而且应该具备海那样的自净能力，使这种氛围里的每一个人的素质都得到提高和升华。因为，海尔的发展需要各种人才来支持和保证。"正是有这样的人才理念，海尔在用工制度改革中率先打破合同工、正式工的界限，创造了"三工转换"的用工制度，使每个员工都有了进步的目标和内在动力，成为企业的有用之才。

李和兴原是一名农民合同工，1986 年进厂，经过几年的实践，他工作出色，并有多项发明创造，受到海尔的嘉奖，成为第一个由农民合同工提升为农民技师的员工。海尔的人才观念不仅改变了李和兴的观念，而且改变了他的命运，同时改变了海尔员工的观念和命运。这也是海尔的人才观——"兵随将转，无不可用之人"。在海尔，每个员工只要努力都能有所作为。农民合同工任全晓从技工学校毕业，到海尔冰箱车间工作，为解决冰箱溢料问题，他开动脑筋，将工艺稍加改进，在冰箱门体的边缘加上海绵垫和胶带，成功地解决了问题。这项发明立即在公司得到推广，任全晓受到全厂表扬，被评为优秀员工，他后来又不断努力，被提拔为车间主任。他激动地说："在海尔，你就是做了小小的一点成绩，都会被及时地发现，获得领导的及时肯定……它增强了我的自信心。"

和任全晓等一起分配到海尔的23位农民合同工，有5位成了车间主任，12位当上了班长，其余的也成长为骨干。正是这一点一滴的成长，一个人、一个班的成长，提高了企业整体的素质，聚沙成山，构筑起海尔的人才高地。

资料来源：孟昭宇：《中外企业人力资源管理》，6页，北京，经济管理出版社，2003。

第一节　人力资源与人力资源管理

一、人力资源的定义

人力资源指一个国家或地区一切具有为社会创造物质财富和精神、文化财富的，从事智力劳动和体力劳动的人口的总称。它强调人具有劳动的能力，因而超出了劳动力资源的范围。即只要具有劳动的能力，尚未达到法定劳动年龄或者已经超出法定劳动年龄的人们都应计算在内。若考虑到潜在的或未来的人力资源，这个范围还要广泛，可以说，从全部人口中剔除已经丧失劳动能力的人口，其余全部都是人力资源。当然，这是从广义的人力资源角度来理解这一问题的。

平时与"人力资源"这一概念容易混淆的还有"人口资源"、"人才资源"和"劳动力资源"三个概念。

人口资源指一个国家或地区的人的生命体的总和。其主要表现为数量概念，它是一个最基本的底数，就如同一个高大建筑物的底层，与之相关的人力、劳动力、人才资源皆以此为基础。

人才资源指一个国家或地区具有较强的管理能力、研究能力、创造能力和专门技术能力的人们的总称。它重点强调人的质量方面，强调劳动力资源中较杰出的、较优秀的那一部分，表明一个国家和地区所拥有的人力资源的质量，反映了人力资源的素质和可能拥有的发展前途。任何地区之间人力资源的竞争，主要集中在这一部分，人力资源的竞争优势也主要通过这一部分人力资源来体现。

劳动力资源指一个国家或地区有劳动能力并在法定劳动年龄范围之内的人口总和，即人口资源中拥有劳动能力且进入法定劳动年龄范围的那一部分。这个概念除了偏重于劳动者的数量，也强调劳动者应具有一定的劳动能力，通常指按规定进入法定劳动年龄范围（16岁～60岁）的人口群体（剔除该范围内中丧失劳动能力的人口）。

上述四个概念之间的关系可以用图1—1来表示。

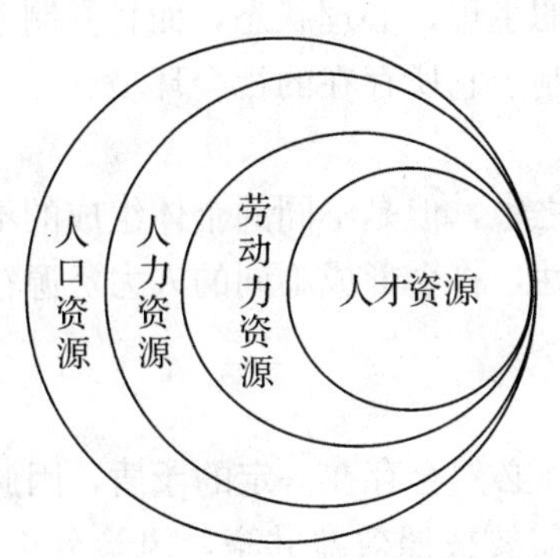

(a) 人口资源、人力资源、劳动力资源、人才资源四者的包含关系

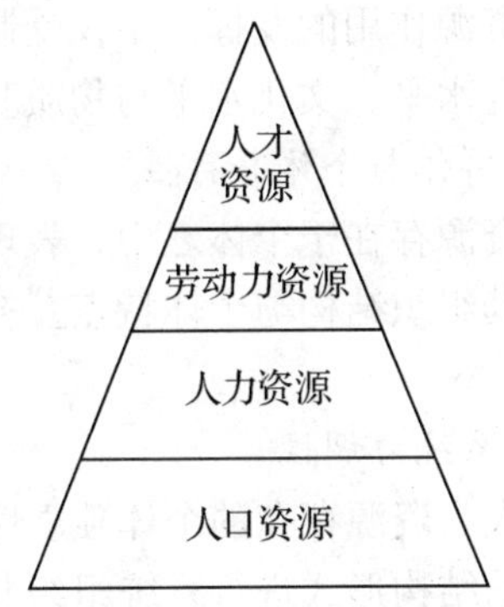

(b) 人口资源、人力资源、劳动力资源、人才资源四者的数量关系

图1—1 人口资源、人力资源、劳动力资源、人才资源四个概念之间的关系

资料来源：陈远敦：《人力资源开发与管理》，2页，北京，中国统计出版社，1998。

二、人力资源的基本特征

许多学者都总结过人力资源的基本特征，其中萧鸣政教授总结得比较完整，具体如下所述。

（一）社会性

与物质资源相比，人力资源最为本质的特征就是它的社会性。人力资源的形成、发展与变化，既受人类生产和生存条件的限制，又受社会经济条件和特定的生产方式的制约，并与一定的社会环境相联系。在人力资源发挥作用的劳动过程中，不同的劳动者一般处于各自的劳动集体之中，这种群体行为构成了人力资源社会性的基础。人力资源不仅影响经济增长的过程，而且对社会精神文明建设等产生影响，具有明显的社会性。

（二）内涵性

无论是群体的人力资源，还是个体的人力资源，其实质都是指完成一定工作任务所需要的知识、技能、态度、品性、思想等各种素质。显然这种东西都隐含于人的行为之中，人力资源是上述这些素质的载体，但是这些内容有相当部分是不表现在外部的，尤其是品性、思想等素质，因此其内涵型是很明显的。

（三）无形性

虽然人力资源是一种人体身上的客观存在，但却是看不见、摸不着的东西，具有无形性，可以感觉它，却难以再现它。

（四）作用的不确定性

人力资源作用的发挥，不仅受制于个体的生理、心理状态，而且受制于不同组织的管理水平、文化水平与物质基础，受制于它所存在的社会环境。

（五）群体与个体并存性

人力资源存在于个体之中，表现在行为之中，但是不同的个体组成的不同群体，由于其组织结构与个体特点互补的差异性，将会形成不同的人力资源存量与流量。

（六）系统协调性

由于人力资源存在的个体独立性，相互间必然会存在一定的矛盾，因此需要按照一定的结构形式进行系统组织与组合，需要按照效益共享，风险分担，责、权、利一体化的原则进行内调。缺乏系统协调的个体人力资源所产生的效益将会相互抵消，乃至总和为零，甚至出现负面效应。

（七）生活性

人力资源以人身为天然载体，蕴藏在一个个活生生的生命个体之中，是一种“活”的资源，并与人的自然生理特征相联系，具有生活性。因此，要维持发展现有的人力资源，就必须保证人力资源拥有者的生活条件与费用。人力资源将随着拥有者个体生活的结束而消失，随着拥有者的转移而转移；而自然资源却不同，它是相对固定的，也不需要更多的维持条件与费用。

（八）可控性

自然资源的生成，相对来说缺乏可控性，而人力资源的生成是可控的。有位教育学家说过：“如果给我 1 000 个儿童，我可以把他们培养为乞丐，也可以把他们培养成为天才。”从某种意义上说，这有一定的道理。人力资源的生成不是自然而然的过程，需要人们有组织有计划地去培养与开发。

（九）时效性

人力资源不但具有生活性，而且还有时效性。就个体人力资源来说，因为一个人的生命周期是有限的，人力资源使用的有效期限在 16 岁～60 岁之间，最佳期为 30 岁～50 岁。在这段时间内，如果人力资源得不到及时与适当的利用，个体所拥有的人力资源就会随着时间的流逝而消耗，甚至丧失作用，这与自然资源有所不同。矿产资源不开发，其流失不大；人力资源长期闲置或学非所用，就会造成极大的人力资源浪费。因此，要适时、及时地对人力资源进行开发、配置与利用。

（十）能动性

人力资源的开发与利用，是通过拥有者自身的活动来完成的。它具有主体发挥性，它的形成与利用，是通过载体自身来完成的；而自然资源、物质资源与财力资源则不同，它们是被动的和有限的。因此，衡量人力资源开发程度如何，要看开发者对人力资源能动性发挥得如何。能动性的另一个表现是它的创造性，人力资源开发得好，就能创造出超出其自身价值的效益。

（十一）变化性与不稳定性

自然资源、物质资源与财力资源是相对稳定的，但人力资源却会因个人、环境的变化而变化，某个人在甲单位是人才，到乙单位可能就不是人才了。这种变化性还表现在不同的时间上，人的劳动能力会随着时间而变化，在青年、壮年、老年各个年龄阶段，其人力资源的实际效用是不同的。

（十二）再生性

自然资源、物质资源与财力资源一般都在利用中被消耗掉了，而人力资源不但不会在开发与利用中被消耗掉，而且能在利用中再生，在利用中增值。人力资源的消耗可以通过个体或总体的不断替换、更新与恢复得到及时的补充与再生，是一种用之不竭、可充分开发的资源。

（十三）开发的持续性

自然资源与物质资源一般只有一次开发与二次开发，形成产品后就不能再继续开发了。人力资源由于它的再生性，则具有无限开发的潜能与价值。人力资源的使用过程也是开发过程，可以连续不断地进行。

（十四）个体的独立性

自然资源的存在形式，一般是成块、成群地联结在一起，散在形式较少。而人力资源则不然，它是以个体为单位，独立存在于每个生活着的个体身上，而且受着各自不同的生理状况、思想与价值观念的影响。这种存在的个体独立性与散在性，使人力资源的管理工作显得相当复杂与艰难，管理得好则能够形成系统优势，否则会出现内耗。

（十五）内耗性

自然资源数量越多越好，形成一定规模后，作用越来越大。矿藏量越大越有开发价值，资金越多越有投资效益。然而，人力资源却不一定越多越能产生效益，关键在于我们怎样去组织它们、利用它们与开发它们。常言道，一个和尚挑水喝，两个和尚抬水喝，三个和尚没水喝，讲的就是这个道理。

（十六）主导性

人力资源不同于其他资源之处，在于其载体具有目的性、主观能动性和社会意识性，在一切经济活动中总是处于主导地位。一方面，个人通过自己的努力，大脑得到进一步开发，智力不断提高，认识世界与改造世界的能力不断增强；另一方面，个人可以通过其劳动能力的提高，更加有效地利用机器设备与物质资本。在技术指数、物质指数与资本投入不变的情况下，增加有效劳动的投入和物质资本的利用，可以使劳动边际产品曲线向外扩张，快速增加组织总产出。

此外，人力资源还可以通过载体的努力，物化为新工具、新设备与新技术，提高对物质资源与财力资源的开发利用率。

三、人力资源管理的定义

人力资源管理的定义有广义和狭义之分。广义的人力资源管理指对全社会（或一个部门）各层次、各类型的从业人员的招募、配置、培训、沟通、考核、激励，直至退休的全过程的管理。因此，广义的人力资源管理包含了人力资源开发的内容；狭义的人力资源管理不包含人力资源开发，仅指对人力资源的招募、录用等使用的过程。本书中的人力资源管理是指会展行业中某个企业的广义的人力资源管理概念。

广义的人力资源管理主要的职能如图 1—2 所示。图 1—2 表明，广义的人力资源管理，首先要制定企业的人力资源管理战略和人力资源管理计划；然后，在人力资源管理战略和计划的指导下，进行职位分析，制定职位描述；根据职位描述，招聘并且配置员工；在配置员工、利用人力资源的过程中，企业必须注意规划员工的职业生涯，并且把员工的职业生涯规划与组织的发展相匹配，形成互为

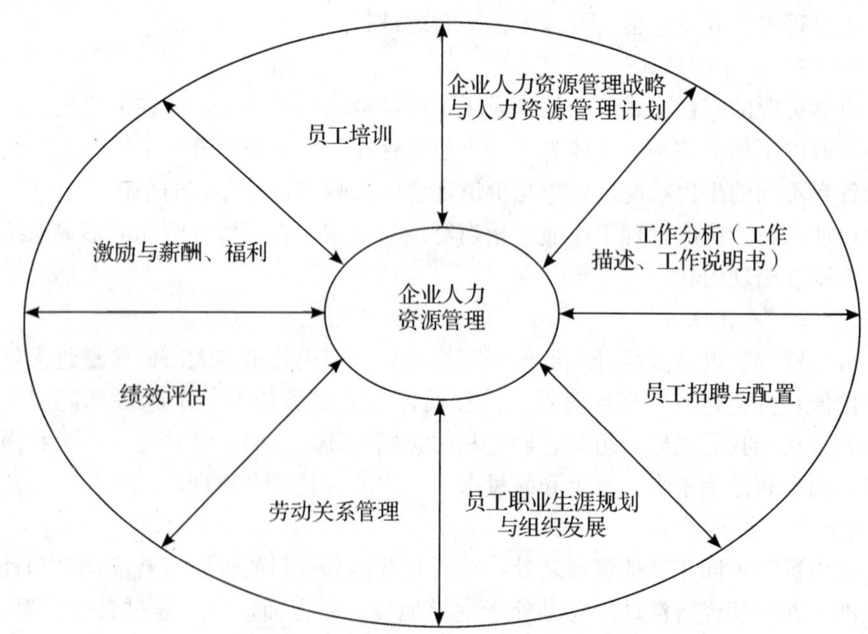

图 1—2　广义的人力资源管理的主要职能

资料来源：黄维德等：《人力资源管理》，3 页，北京，高等教育出版社；上海，上海社会科学院出版社，2000。

动力的综合发展途径；在企业与员工互相匹配发展的过程中，要遵守法律法规；当企业的人力资源管理工作进行到一定的阶段，就必须对多层次员工的工作绩效进行评估和考核，纠正他们工作中的失误，肯定他们工作中的成绩，并就员工下一阶段的工作达成共识，以便员工形成下一轮的工作计划；在绩效评估以后，要对员工进行激励，包括薪酬方面的激励、福利方面的激励和精神等其他方面的激励，对优秀员工，尤其要加大激励的力度；对于具有这种或那种缺陷但企业今后发展又需要的员工，企业要进行培训，帮助他们提高知识水平、增进技能，使他们在今后的工作中能适应企业发展的需要；最后，根据人力资源系统的整个运作情况，企业要修正或者重新制定自身的人力资源管理战略和人力资源管理计划，为下一阶段的人力资源管理活动再次奠定基础。

四、人力资源管理的模式

美国著名的人力资源管理专家米尔科维奇等人总结了人力资源管理的四种模式，反映了人力资源管理在不同的发展阶段的功能。

（一）20世纪50年代之前产业（工业）模式

20世纪20年代组织中人事部门的出现，诞生了第一种人力资源管理模式，也就是产业模式。这一模式关注的问题主要包括工作规则的建立、职业晋升（发展）阶梯、职业生涯设计、以资历为基础的报酬体系、聘用关系、绩效评估等。所有这些问题都需要人力资源专家来处理和解决。这一时期心理测验的发展、科学管理运动对工作的科学研究和劳动力短缺所导致的社会需求，为科学的人员选拔提供了理论和技术方面的保障。

（二）20世纪60—70年代投资模式

产业模式主要关注劳工关系的协调。随着20世纪60年代美国颁布一系列关于聘用和就业的法令，对公平就业机会的关注成为主流。同时，由于白领劳动力的增加，很多依赖知识型员工的企业（技术型企业）产生了大量的非工会会员员工，如IBM、柯达等著名公司，对这些员工的管理与传统的人事管理有很大差异。因此，人力资源管理从以劳工关系为重点转到以人力资源的培训和开发为重点，采取了很多措施，包括给员工更多的自主权、工作丰富化、终身聘用、培训和长期薪酬计划等。

（三）20世纪80—90年代参与模式

进入20世纪80年代，全球性的企业竞争和跨国企业、多国企业的出现，使人力资源管理思路和方法发生了很大变化，尤其对于西方企业来说，现代经济竞争对企业提出的要求，在某些方面与西方传统的价值观是不一致的。例如，强调团队合作、相互信任、共同目标的建立、思想观念的一致、对组织的承诺与认同等等。而这些管理观念和方法迫使企业在对人的管理中更多地采用参与、民主的方式。这也是人力资源管理在任何一个组织管理中具体作用的体现。

（四）20 世纪 90 年代高灵活性模式

随着现代科学技术的发展，尤其是通信技术和计算机技术的发展，人们的工作方式和生活方式都受到很大影响，甚至可以说正在发生革命性的变化。因此，企业管理的方式和企业人力资源管理的方式也必然发生相应的变化。进入 20 世纪 90 年代，企业重整、流程再造、收购兼并等崭新的管理概念和技术不断出现，知识经济和网络时代的人力资源管理必须采用高度灵活的模式，没有任何一个组织能够凭借自己一成不变的管理制度或方法保持长久的发展。因此，借助于“外脑”、聘请顾问、人力资源管理外包化、灵活的雇佣关系和工作时间、多样的报酬和福利方案、权变的组织结构和权力分配等，成为人力资源管理新模式的主要内容。

第二节　战略性人力资源管理与竞争优势

一、战略性人力资源管理的含义

在一个企业中，战略管理的目标就是以一种能够为企业带来竞争优势的方式来配置和使用这些资源。而人力资源管理所扮演的角色就是为企业带来人力资源方面的竞争优势，因此，人力资源管理就必须全面参与企业的战略管理过程，这就意味着人力资源管理人员应当：第一，参与到企业的战略规划制定过程之中，在这一过程中不仅要考虑到与人有关的一些问题，同时还要考虑企业的人力资源储备是否能够执行某种特定战略；第二，掌握与组织的战略性目标有关的一些特定知识；第三，知道何种类型的员工技能、行为以及态度是能够支持组织的战略计划的；第四，制定方案来确保员工具备这些技能、行为以及态度。

二、人力资源管理与竞争优势

美国人力资源协会和人力资源规划委员会经过研究发现，在人力资源管理方面要取得竞争优势必须面对下列六大挑战。

（一）全球化对人力资源管理的影响

对于所有国际商业带来的机遇来说，当企业面对“全球化”时，不得不平衡一大堆复杂的有关不同地理、文化、法律和商业实践的问题。人力资源的问题隐藏在这些问题的背后，其中包括确认在国外生活和工作的有能力的驻外经理、设计培训课程和发展机会以加强经理对外国文化和工作实践的理解、调整薪酬计划以确保在有着不同生活成本的地区工作的员工得到公平的待遇。因此，全球化给组织带来了新的、更广泛的机会，也意味着人力资源管理的复杂性大大增加了。

（二）信息技术对人力资源管理的影响

人力资源信息系统能为控制和决策提供及时、精确的数据。从这个意义上来说，它已经超出了数据存储和检索的功能，有了更广泛的应用，包括撰写报告、预测人力资源的需求、战略规划、职业生涯和晋升计划，以及评价人力资源政策和实践。

信息技术对人力资源管理本身的影响是广泛而深远的。信息技术使公司能够快速、廉价地对大量信息进行存储和检索。它还能使公司迅速而准确地对数据进行组合和重构，从而形成新的信息。另外，因为它能使组织存储和迅速使用由专家开发的判断和决策模型，所以，信息技术系统有助于形成组织化的知识库。利用信息技术网络，经理能够在世界各地更方便地、更有选择性地与其他人进行沟通，由此能够更好地利用他们掌握的信息。从这一点上来说，信息技术是降低管理成本、提高生产率、缩短反应时间、改善决策以及加强服务的有力武器。它对协调与公司外部的合作伙伴的共同行动也起着重要作用。最后，信息技术能够提供一个数据和沟通平台，有助于调节公司的人力资本，以获得竞争优势。

（三）组织变革对人力资源管理的影响

全面质量管理、持续改进、削减规模、流程再造、外包等都是组织为了获得更好的发展而采取的改变运营方式的事例。一些变化是被动的，在外部力量影响组织的绩效时会发生。

（四）人力资源开发投资对人力资源管理的影响

要在组织内开发人力资源，企业就必须不断地开发员工的知识、培养员工的技能和经验。员工招聘计划着眼于确认、招聘和雇用最好、最出色的人才。培训计划则着眼于提高技能，特别是那些即使是员工离开后也不会变成其他公司财富的技能。另外，员工需要在工作中获得发展的机会。其实，与竞争能力相关的最有价值的知识是在实践中获得的经验，也是最难教会的。因此，经理必须要做好的一件工作就是为员工提供可以从中获得发展的工作任务，并确保这些工作的任务和要求有足够的灵活性，让员工能在其中不断地学习和成长。

（五）市场及时响应对人力资源管理的影响

对任何组织来说，满足客户的期望是最基本、最要紧的。除了关注内部的管理问题，经理还必须满足客户对质量、创新、品种和响应速度的要求。在这个充满竞争的世界里，这些标准就是成功和失败之间的分水岭。公司对客户的需求理解得怎么样？新产品开发和推向市场的速度有多快？对特殊需求的反应有多及时？“更好、更快、更便宜”……这些标准促使组织时刻跟随客户的需求。全面质量管理和流程再造是响应客户的两个有效方法。其中的任何一个都对人力资源管理有着直接的影响。

（六）削减成本对人力资源管理的影响

在流程再造、全面质量管理、人力资本、技术、全球化等方面的投入对组织的竞争力来说都是非常重要的。同时，更低的成本和更高的工作效率也是公司面临的越来越大的压力。对于任何组织，特别是那些服务和知识密集型的企业，劳动力成本是其中最大的开销之一。企业用了很多办法来降低成本，特别是劳动力成本。这些办法包括削减规模、外包和员工租赁，以及提高工作效率。这些都对人力资源政策和实践有着直接的影响。

第三节　会展业人力资源管理的特殊性

一、会展业的概念

国际上的会展业一般统称为MICE，它由四种活动的英语单词的第一个字母组合而成，其中M代表会议（Meeting），I代表奖励性质的旅游（Incentive Tour），C代表大会（Conference），E代表展览会（Exhibition/Exposition）或节事活动（Event）。之所以把这四种活动统称为会展，主要有以下原因：一是会议和展览活动举办的场所、设施往往合一，如今的会展中心或展览中心、酒店宾馆，一般都同时具备会议和展览的功能；二是四种活动都是长时期策划、短时期聚集，对餐饮、住宿、旅游等具有较大带动性，具有影响大、规模高、拉动社会综合消费、带动相关产业发展等共性；三是因为近年来这四类活动的发展趋势已表明四者之间的界限在逐渐模糊，往往是展中有会、会中有展，大型活动中既有展又有会，奖励性质的旅游策划也和大型会展活动紧密结合起来。

可见，四种活动在各自的发展过程当中相互影响、相互促进、相互交融、密不可分，因此，我们把四种活动形式统称为会展，而把由会展经济活动引起的相互联系、相互作用、相互影响的同类企业的总和统称为会展业（MICE Industry）。

二、会展业人力资源需求状况

中国贸易促进会的统计数据表明，目前我国会展业每年创造的经济价值仅为10亿美元，而全球每年会展经济的产值高达3 000亿美元，因此，中国会展业前景广阔，对于人力资源的需求也十分庞大。人力资源的数量和质量已经成为会展业发展的“瓶颈”。

我国会展业主要需求的人力资源大体可分为四大类：一是会展经营管理类，包括规划与行业管理、国际公关、活动策划与组织营销、服务管理、住宿、餐饮和场馆经营管理、融资与企业管理、信息管理与服务、法律服务、物流货运服务、差旅服务等；二是外语类，包括同声传译、一般口（笔）译、国际导游、外事服务等；三是会展工程建设类，包括场馆设计和管理、场馆建设施工、设备生产和维护、展台搭建和设计、会展软件开发等；四是会展教育研究类，包括科研教学、行业培训、信息统计等。目前国内会展业人力资源短缺现象日益突出，通常举办一个大型的国际会展需上述各类人力资源近 400 人，其中核心人才 90 人左右，因此，培养大批专业人才已成当务之急。

三、会展业人力资源管理的特殊性

会展业是一个专门的行业，因此其人力资源管理必然有其特殊性。由会展业所形成的一种经济形态统称为会展经济，会展经济涉及的行业和人群很多，如图 1—3 所示。

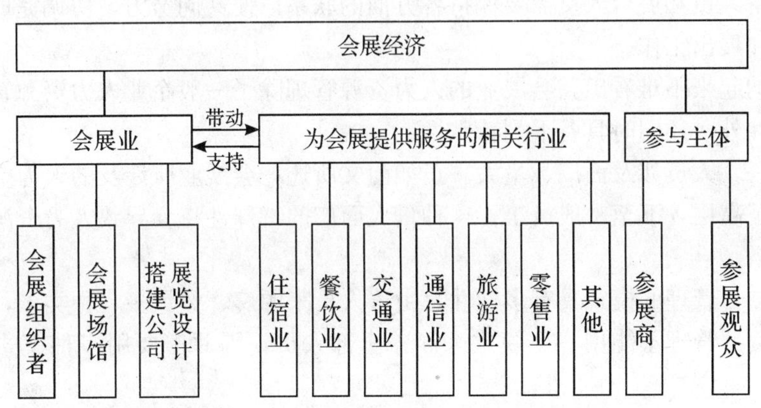

图 1—3　会展经济所涉及的行业、人群

资料来源：杨春兰：《会展概论》，5 页，上海，上海财经大学出版社，2006。

会展业的人力资源管理集中体现在需要有各方面的人员组成一个协调的组织机构。此机构可以大到委员会，由高级领导人出任主任，比如世界博览会的组织委员会多由各参展国的政府领导人挂名；也可以小到小组甚至一个人。后一种情况比较普遍，通常称为项目小组或筹备小组。此机构必须有一个负责全面工作的人员，通常称为项目经理或协调人。

此外，展览人员按性质可以分为两大类，第一类是筹备人员，第二类是展台人员。展台人员也可以称作前台人员，参观者在展览会期间见到最多的是这部分人员，如表1—1所示。

表1—1　　　　会展业人力资源分类表

筹备人员	展台人员
负责筹备各方面工作的人员，包括设计、施工、展品运输、宣传、公关、行政、财务、后勤等工作。筹备人员也可以称作后台人员，参观者在展览会期间基本见不到他们。	负责展台各方面工作的人员，包括负责接待观众、介绍产品、记录情况、洽谈贸易、签订合同等工作的人员。主要是营销经理、生产经理、推销员、产品开发技术员等，以及服务于这些工作的翻译、讲解员、招待员等。

较大规模的展出者尤其是集体展出者可以配备两班人马：一是筹备组，人员分工负责展品、运输、设计、施工、宣传、联络、行政、后勤及会计，负责人是项目经理；二是展出组，人员有推销员、技术员和辅助人员等，负责人是展台经理。如果有可能，项目经理多由展览部门、广告部门、宣传部门的负责人担任，具体办事人员多出自这些部门。而展台经理多由营销部门、推销部门、生产部门的经理担任，展台人员也多出自这些部门。

筹备人员和展台人员需要保持各方面的联系以便共同努力，协调完成展览筹备工作和展出工作。

归纳起来不难看出，会展业的人力资源管理除了一般企业人力资源管理所具有的共性外，还同时具备下列特殊性：

第一，人员涉及面广、量大。正如前文所述，会展业所涉及的人力资源有多种，上至高层，下至一般员工，这种量大面广的特殊性将会导致人力资源管理的难度骤增。

第二，管理的模式具有多样性。由于人员来源广、数量多、种类多，必然导致人力资源管理不能用一个模式来涵盖全部人员，因此需要用多种模式来区别对待。

第三，具有突发性和周期性的特点。会展业的性质决定了人力资源的使用具有周期性，即分为淡季和旺季以及具有集中使用的突发性，因此需要人力资源工作者能够应对这一特点。

会展业作为我国第三产业中最重要的经济增长点正越来越受到各级政府的重视，会展企业也如雨后春笋般不断涌现，因此，学习和掌握会展业人力资源管理的特殊性对会展业的发展将大有裨益。

复习思考题

1. 什么是人力资源、人口资源、人才资源和劳动力资源？它们之间的关系如何?

2. 人力资源具有哪些特征?

3. 人力资源管理如何获得竞争优势?

4. 会展业人力资源管理的特殊性表现在哪里?

第2章

会展业人力资源的配置

导入案例 人力资源管理工作从职位分析做起

A公司成立于1997年，是我国西部地区一家集现代移动通信终端产品的批发、零售及服务于一体，涉及IT、办公通信等行业的民营公司。近年来，随着当地经济的迅速发展，人们对移动通信产品的需求不断增长。A公司凭借灵活的经营模式获得了长足的发展，公司规模持续扩大，员工人数已由成立之初的数十人发展到近三千人，最近两年还在相邻两省相继成立了子公司和下属机构，业务覆盖的地域范围不断扩大。如今，A公司已成为业界有一定知名度的中型集团公司。

王磊1998年从某高校工商管理专业本科毕业，就职于A公司当时的行政管理部，2001年考取了某名牌大学的MBA。

2004年王磊以优异的成绩毕业后，他选择了继续留在A公司。当时正值公司人事变动，王磊以较深的资历和突出的个人能力被任命为公司的人力资源部经理（仍隶属行政管理部）。

因为王磊是在A公司创建后没多久就进入公司的，他与公司一起成长，因此对公司的情况和行业背景都非常熟悉。在以前从事薪酬管理工作的时候，他就已经观察到公司在管理上存在很多问题，在MBA班系统学习时，他运用专业知识，结合众多国际知名企业的案例，对A公司在管理上存在的问题进行了深入、全面的分析。

第一，公司对各部门、各职位的职责与权限缺乏明确的界定，部门之间、员工之间扯皮推诿的现象时有发生。有的部门抱怨事情太多、人手不够，任务要按时、保质保量地完成只有不断加班；有的部门又觉得有太多冗余人员，导致效率低下。

第二，在人员招聘方面，用人部门给出的招聘标准过于笼统，招聘主管往往无法准确理解，使得招来的员工不尽如人意。同时，很多职位没有做到人事匹配，员工的能力不能充分发挥，甚至存在因人设岗的现象，严重挫伤了员工的积极性，影响了工作效率。

第三，在培训安排上，A 公司 2006 年对培训的重视程度又上了一个新台阶。但是，培训安排主要是针对中高层管理人员，针对基层员工的培训很少，就更谈不上个人职业生涯的规划了。

王磊对上述问题进行了剖析，他发现问题的根源是人力资源管理的基础工作之一——职位分析——没能很好地贯彻落实，虽然各职能部门均有相关文件说明其责任，但实际上权责模糊、操作流程速度慢、质量不高。王磊认为通过职位分析可以明确工作目标，从而使组织的战略落到实处，并提高组织流程的效率；清晰的权责界定可以有效避免部门之间、员工之间的推诿扯皮现象；通过职位分析形成的职位说明书，对某类职位的性质、特征以及担任此类工作的员工应具备的资格、条件，都做出了详尽的说明和规定，这就使人力资源管理人员明确了招聘的对象和标准，能合理地因事设岗，做到人岗相宜；在进行员工绩效考核时，考核者能正确地选择考核的方法和指标，避免了盲目性和主观性，从而也为员工的薪酬设计和培训提供了依据，使前面所述的问题迎刃而解。

资料来源：卿涛：《人力资源管理案例集》，32 页，成都，西南财经大学出版社，2006。

第一节　职位分析概述

一、有关常用术语概念辨析

首先我们要分辨三个基本概念，即工作、岗位和职位。所谓工作就是具体的职责，如“每天清洗床单”，“每天及时将信函发放到各部门”等都属于这类；岗位是指连续的工作所形成的空缺，即每个岗位就是一个空缺；而职位是将相似、相近的岗位进行归类。因此，一个职位可能由一个或几个甚至无数个岗位所组成，如“机加工”职位，可能由“车工、铣工、磨工、镗工”等组成；一个岗位则由无数份工作所组成，如“文员”的工作就包括“打字、接听电话、收发文件、整理资料”等许多份工作组成。而一家企业中的每个员工就意味着一个岗位，“冗员”是因为人员太多，而岗位太少导致人浮于事；而“空缺岗位”则意味人手不够。

此外，为便于人力资源管理，通常将各种职位进行分类。所谓职位分类，是指将所有的职位，按其业务性质分为若干职组、职系（从横向讲）；然后按责任大小、工作难易、所受教育程度及技术高低分为若干职等、职级（从纵向讲），对每一个职位给予准确的定义和描述，制成职位描述，以此作为对聘任人员管理的依据（见表 2—1）。

表 2—1　　　　职系、职组、职级、职等之间的关系与区别

职系	职组 \ 职等	Ⅴ	Ⅵ	Ⅲ	Ⅱ	Ⅰ
	职级	员级	助级	中级	副高职	正高职
高等教育	教师		助教	讲师	副教授	教授
	科研人员		助理工程师	工程师	高级工程师	
	实验人员	实验员	助理实验师	实验师	高级实验师	
	图书、资料、档案	管理员	助理馆员	馆员	副研究馆员	研究馆员
科学研究	研究人员	研究实习员	助理研究员	副研究员	研究员	
医疗卫生	医疗、保健、预防	医士	医师	主治医师	副主任医师	主任医师
	护理	护士	护师	主管护师	副主任护师	主任护师
	药剂	药士	药师	主管药师	副主任药师	主任药师
	其他	技士	技师	主管技师	副主任技师	主任技师
企业	工程技术	技术员	助理工程师	工程师	高级工程师	教授级高工
	会计	会计员	助理会计师	会计师	高级会计师	
	统计	统计员	助理统计师	统计师	高级统计师	
	管理	经济员	助理经济师	经济师	高级经济师	
农业	农业技术人员	农业技术员	助理农艺师	农艺师	高级农艺师	
新闻	记者		助理记者	记者	主任记者	高级记者
	广播电视播音	三级播音员	二级播音员	一级播音员	主任播音指导	播音指导
出版	编辑		助理编辑	编辑	副编审	编审
	技术编辑	技术设计员	助理技术编辑	技术编辑		
	校对	三级校对	二级校对	一级校对		

职系：由两个或两个以上的工作组成，是职责繁简程度、轻重及所需资格条件不同，但工作性质充分相似的所有职位的集合。

职组：工作性质相同的若干职系综合而成，也叫职群。

职级：指将工作内容、难易程度、责任大小、所需资格皆很相似的职位划分为同一职级，实行同样的管理使用和报酬。

职等：工作性质不同或主要职务不同，但其困难程度、责任大小、工作所需资格都很相似的职级可归纳称为职等。

二、职位分析的定义及作用

（一）职位分析的定义

职位分析是运用科学方法收集与职位有关的信息的过程，主要包括该职位应该承担的职责以及需要的任职资格等方面的信息，职位分析的最终产出表现为职位描述。职位描述包括两大部分：职位职责和任职资格。理解职位分析的定义可以从以下三个方面进行。

（1）职位分析是一个过程。通过选用合适的方法，全面收集与职位相关的信息。

（2）这里的信息主要围绕两个方面：一是关于职位本身的描述，包括职位名称、直属上级、职责、联系等方面的内容；二是关于任职资格方面的内容，包括承担该项职位需要的学历、经验、知识、技能等方面的内容。

（3）职位分析的最终产出为职位描述，采用书面的方式系统地表达出职位职责和任职资格的内容。

具体来说，职位分析需要从八个要素着手，分别为：

第一，who：谁从事该职位，责任人是谁，对人员的学历及文化程度、专业知识与技能、经验以及职业素质等资格要求。

第二，what：做什么，即该职位的工作内容是什么，需要承担哪些责任。

第三，whom：为谁做，即客户是谁。这里的客户包括外部客户和内部客户。内部客户指组织与从事该工作的人有直接关系的人员——上级、下属、同事、客户等。

第四，why：为什么做，即从事该职位的目的是什么。

第五，when：该职位的时间要求。

第六，where：该职位的地点、环境要求等。

第七，how：如何从事该职位，也就是工作的程序、规范以及需要的权力和支持等方面的内容。

第八，how much：为该职位所需支付的费用、报酬等，一般用薪资等级来表述。

（二）职位分析的作用

职位分析的作用表现在以下几个方面：

（1）有助于人力资源规划的科学化。每个单位对于本单位内部的工作职位安排和人员配备，都必须有一个合理的计划，并根据生产或工作发展的趋势做出人力资源规划。职位分析的结果，可为人力资源规划和计划提供可靠的依据。通过职位分析，可以将相近职位归类，统一平衡供求关系，从而提高人力资源规划的质量。

(2) 有助于选拔和任用合格人员。通过职位分析，单位能够明确地规定工作职位的近期和远期目标，掌握工作任务的静态和动态特点，提出有关人员的心理、生理、技能、文化和思想等方面的要求，在此基础上确定用人标准。有了明确而有效的标准，就可以通过素质测评和工作考核，选拔和任用符合工作需要和职位要求的合格人员。

(3) 有助于设计积极的人员培训和开发方案。通过职位分析，单位可以明确从事某项工作所须具备的技能、知识和其他各种条件。这些条件和要求，并非人人都能满足和达到，需要不断培训、不断开发。因此，可以按照职位分析的结果，设计和制定培训方案，根据工作需要和参加人员的不同情况，有区别、有针对性地安排培训内容和方法，以培训促进工作技能的发展，提高工作效率。

(4) 有助于考核、晋升工作。职位分析可以为工作考核和晋升提供标准和依据。工作考核、评定和职务提升，如果缺乏科学依据，将影响员工的积极性，使工作和生产受到损失。而职位分析的结果有助于制定各项工作的客观标准和考核依据，同时也有助于制定职务提升和工作调配的条件和要求。

(5) 有助于实现科学、合理的薪酬方案。通过职位分析，可以判断每个职位的相对价值，以此为依据确定的薪资水平较易实现组织内及组织间薪酬的相对合理性和公平性。

(6) 有助于员工明确努力方向，改善企业内部的人际关系。职位分析的结果清楚地表明了企业管理者认定的重要事项或方向，这就给员工一个清晰的示意：什么最重要，何处需要努力。同时，职位分析使员工的工作具体、明确，职责分明，考核、奖惩、晋升都有了科学的标准和依据，从而可以大大减少企业员工之间、员工与各部门之间的矛盾和纠纷，有利于改善企业内部的人际关系，增强企业的凝聚力。

三、职位分析常用方法

职位分析的方法有许多种，归纳起来主要分为传统的职位分析方法和结构化的职位分析方法。传统的职位分析方法主要包括工作日志法、观察法、问卷调查法、访谈法等。

(一) 工作日志法

工作日志法，指的是由从事某一工作的员工按照时间顺序详细记下在一定期间内所从事的各项工作活动或者任务以及消耗的时间，有时还包括自己的工作感受，然后在此基础上进行综合分析，以实现工作分析的一种方法，如表 2—2 所示。在通常情况下，日志的形式并不是固定的，而是由工作人员自己填写，但有时也会采用固定的格式，以节省填写者的时间。

表 2—2　　　　工作日志表

机构名称：办公室　工作：办公室主任　编制：3 人：主任 1 人、打字员 1 人、办事员 1 人

花费时间		工作活动内容	业务完成量	备注
开始	延续			
08:00	5	打电话到销售科	1	
08:05	2	接电话	1	
08:07	4	帮办事员登记材料	2 份	
08:11	4	帮办事员校对	5 页	
08:15	4	准备广告材料	1 页	
08:19	1	接张厂长电话	1	
08:20	1	接李厂长电话，要一信件	1	
08:21	6	和办事员商议工作	1	
08:27	5	找李厂长要的信	1	
08:32	5	安排当天的工作	1	
08:37	3	找王科长	1	
08:40	4	找工程师	1	
08:44	1	送李厂长所要的信	1	
08:45	2	为张厂长打文件	1	
08:47	13	同张厂长商量，布置简报	1	
09:00	2	开始复印李厂长的材料	0	
09:02	10	把张厂长材料归档	3	
09:12	4	继续复印材料	0	
09:16	5	同李厂长商议工作	1	
09:21	2	给办事员布置复印任务	1	
09:23	9	继续复印	2	
09:32	8	分发信件	5	
09:40	15	继续复印	2	
09:55	10	整理档案材料	4	
10:05	11	印完复印品	200 份	
10:16	2	将复印品交办事员装订	1	
10:18	9	打电话和协作厂联系	1	
10:27	2	接张厂长电话	1	
10:29	3	欢迎参观者，并把他们送到张处长处	2 人	
10:32	2	打电话到车间	1	
10:34		略		

注：这是一家民营企业办公室主任的工作写实片段。

工作日志法的优点在于逐日记录或者在任务完成以后实时记录下来，可以避免疏漏。缺点则在于由于是由员工自行记录，客观性无法保证，往往会出现一些工作活动被过分强调而另外一些被轻描淡写的情况，结果会影响工作分析结果的准确性。同时，记录者自身的文字表达能力也会对工作日志法的应用产生影响。

鉴于以上特点，工作日志法主要应用在内容比较多样化或者时空比较多变化的工作当中，并且在职位分析时常常辅以他法，较少单一使用。

（二）观察法

观察法是通过观察工作人员在某一时期内的工作内容、形式和方法，并且记录下有关项目、时间（有时还包括表现）等资料来进行工作分析的方法，如表2—3所示。观察法常常与访谈法结合使用，即在观察完全部工作过程之后，再与工作人员访谈，以澄清疑点或者补遗。但是在应用观察法的过程中，最需要注意的就是不要干扰工作者的活动，并且要尽量不使其分心或者产生疑念，以免影响工作的正常进行和产生各种有意或者无意的偏差，从而导致不正确的观察结果。

表2—3　　职位分析观察提纲

被观察者姓名：________	日　　期：________
观 察 者 姓 名：________	观察时间：________
工　作　类　型：________	工作部门：________

观察内容：

1. 什么时候开始正式工作？________
2. 上午工作多少小时？________
3. 上午休息几次？________
4. 第一次休息时间从________到________
5. 第二次休息时间从________到________
6. 上午完成产品多少件________
7. 平均多长时间完成一件产品________
8. 与同事交谈几次________
9. 每次交谈约________分钟
10. 室内温度________度
11. 抽了几支香烟________
12. 喝了几次水________
13. 什么时候开始午休________
14. 出了多少次品________
15. 搬了多少原材料________
16. 噪音是多少分贝________

表 2—4　　观察法职位分析的程序

第一步：初步了解职位信息 1. 检查现有文件，形成职位的总体概念：使命、主要任务和作用、工作流程 2. 准备一个初步的任务清单，作为面谈的框架 3. 为在数据收集过程中涉及的还不清楚的主要项目做一个注释
第二步：进行面谈 1. 最好是首先选择一个主管或有经验的员工进行面谈，因为他们了解工作的整体情况以及各项任务是如何配合起来的 2. 确保所选择的面谈对象具有代表性
第三步：合并工作信息 1. 工作信息的合并是把各种信息合并为一个综合的职位描述：主管、工作者现场观察者、有关工作的书面资料 2. 在合并阶段，职位分析人员应该随时补充资料 3. 检查最初的任务或问题清单，确保每一项都已经得到回答或确认
第四步：核实职位描述 1. 核实阶段要把所有面谈对象都召集在一起，目的是确定在合并信息阶段得到的职位描述具有完整性和精确性 2. 核实阶段应该以小组的形式进行，把职位描述分发给主管和工作的承担者 3. 职位分析人员要逐字逐句地检查整个职位描述，并在遗漏和含糊的地方做出标记

一般而言，观察法适用于短时期内的外显行为特征的分析，而不适用于长时间内的心理活动特征的分析。因而，观察法在动作分析中应用得最广，在职位分析中较常用在工作内容包括了很多可以具体观察的实际活动场合。

观察法进行时有两种方式：一种方式是职位分析人员可以在员工的工作期间观察并记录员工的工作活动，然后和员工进行面谈，请员工进行补充，职位分析人员也可以一边观察员工的工作，一边和员工交谈，这种方式比较好，因为工作人员可以专心观察和记录，而且不会干扰员工的工作；第二种方式就是通过问卷调查法获得基本信息，再通过访谈和直接观察来确认和补充已了解的情况，这也是一种较好的方式，因为它把观察法与问卷调查法、访谈法结合在一起。当然选择何种方式，既要考虑到企业的特色和实际情况，又要兼顾调查时间和经费。

（三）问卷调查法

问卷调查法是职位分析中通用的一种方法。其基本过程就是首先设计并分发问卷给事先选定的员工，要求其在一定的时间内填写，以获取有关职位分析的相关信息，如表 2—5 所示。在实施问卷调查法的时候，首先必须明确要获取什么信息；其次要将收集的信息用问题的形式加以具体化：问题的表达方式要简练、准确，问卷提问的方式要符合员工的思维习惯。

表 2—5　　　　　　　　　　　　　　　　**职位分析问卷**

一、基本信息	
姓名：	填写日期：　　　　年　月　日
职位名称：	职位编号：
所属部门：	部门经理姓名：
二、调查信息	
1. 请准确、简洁地列举你的主要工作内容（若多于8条可以附纸填写，下同）：	
(1) ______ (3) ______ (5) ______ (7) ______	(2) ______ (4) ______ (6) ______ (8) ______
2. 请认真、详尽地描述你的日常工作（如果有工作日志，请附后）：	
3. 请详尽地列举你有决策权的工作项目：	
(1) ______ (3) ______ (5) ______ (7) ______	(2) ______ (4) ______ (6) ______ (8) ______
4. 请详尽地列举你没有决策权的工作项目：	
(1) ______ (3) ______ (5) ______ (7) ______	(2) ______ (4) ______ (6) ______ (8) ______
5. 请简明地描述你的上级是如何监督你的工作的：	
6. 请简明地描述你的哪些工作是不被上级监督的：	
7. 请详细地描述你在工作中需要接触到哪些职位的其他员工，并且讲明接触的原因：	
8. 请简明地列举你编写的需要作为档案留存的文件名称和内容提要：	
(1) ______ (3) ______ (5) ______ (7) ______	(2) ______ (4) ______ (6) ______ (8) ______
9. 请列举工作中需要用到的主要办公设备和用品：	
10. 请描述你在人事和财物方面的权限范围：	
11. 你认为胜任这个职位需要几年的相关工作经验？ 不需要　1年　2年　3年　4年　5年及以上　不好估计	
12. 你认为胜任这个职位需要什么样的文化程度？	
初中　高中　大专　本科　硕士及以上　不好估计	
13. 你认为一位没有相关工作经验的大专学历的人员，需要多长时间的培训可以胜任工作？	
不需要培训　3天以内　15天以内　1个月以内	

3个月以内　半年以内　半年以上　不好估计
14. 你认为什么样的性格、能力的人能更好地胜任该职位?
15. 你认为什么样的心理素质的人员能更好地胜任该职位?
16. 你认为什么样的知识范围能够更好地胜任该职位?
17. 请描述该职位的工作环境，你认为什么样的工作环境更合适工作?
18. 请列举你直接领导的下属的职位、姓名和工作内容：
19. 你对该职位的评价：
20. 你认为如何才能更好地完成工作?
21. 请将该表没有列出的但你认为有必要强调的内容写在下面：
注意事项： 1. 填写人应保证以上填写的内容真实、客观，并且没有故意的隐瞒； 2. 该问卷内容作为职位分析的重要依据，如果填写人发现有遗漏、错误，或其他需要说明的情况，请立即与人力资源部职位分析小组联系。 填写人签字： 职位分析负责人签字：

在职位分析中应用的调查问卷可以分为很多种。首先，问卷可以分为普遍性问卷与特定性问卷。前者所涉及的内容具有普遍性，适合于各种职位内容；后者则是针对特定职位而设计的。此外，问卷还可以区分为职位定向和人员定向两种。职位定向问卷主要强调的是工作本身的条件和结果；人员定向问卷则侧重于了解员工的工作行为。

问卷调查法的优点在于它可以相对节省职位分析人员的时间和经费，而且更适用于从数目较大的被调查者中获取信息。问卷调查法的不足之处在于问卷的回答质量在很大程度上取决于被调查人员的文化水平、理解与表达能力。此外，问卷调查所获得的信息的收集、整理和分析工作也是比较繁重的。

（四）访谈法

访谈法又称面谈法，是一种应用最广泛的职位分析方法。职位分析者就某一个职位面对面地询问任职者、主管、专家等人对该职位的意见和看法。此种方法可对任职者的工作态度与工作动机等深层次内容有详细的了解。面谈的程序可以是标准化的，也可以是非标准化的。一般情况下，应用访谈法时以标准化访谈格式记录，目的是便于控制访谈内容及对同一职位不同任职者的回答进行相互比较，如表2—6所示。一般而言，需要确定工作任务和责任时运用访谈法比较恰当。访谈的目的主要是得到任职者4个方面的信息：职位目标，即组织为什么设置这个职位，并根据什么给予报酬；职位的范围与性质，即职位在组织中的关系，所需的一般技术知识、管理知识、人际关系知识，需要解决问题的性质及自主权，工作在多大范围内进行，员工行为最终结果如何度量；职位内容，即任职者在组织中有多大作用，其行动对组织的影响有多大；职位责任，即涉及组织战略决策、执行等方面的情况。

表 2—6　　访谈的典型提问方式

（1）你所做的是一种什么样的工作？
（2）你所在职位的主要工作是什么？你又是如何做的呢？
（3）你的工作环境与别人的有什么不同？
（4）做这项工作需具备什么样的教育、工作经历和技能？它要求你必须具有什么样的文凭或工作许可证？
（5）你都参与了什么活动？
（6）这种工作的职责和任务是什么？
（7）你所从事的工作的基本职责是什么？你的工作标准有哪些？
（8）你真正参与的活动都包括哪些？
（9）你的责任是什么？你的工作环境和工作条件如何？
（10）工作对身体的要求是怎样的？工作对情绪和脑力的要求又是怎样的？
（11）工作对安全和健康的影响如何？
（12）在工作中你的身体可能会受到伤害吗？你在工作时会处于非正常的工作条件之下吗？

同时，为了保护面谈的效度与信度，常常依据一张结构合理、较标准化的问卷来进行。所以，访谈法很少作为单独使用的职位分析方法，它往往与问卷调查法结合起来使用，对于问卷中不易获得的信息或需进一步核实调查问卷的内容、不清楚之处，访谈法非常有价值，因此，在企业调查中，对组织中的重要职位或关键职位，通过访谈法可以挖掘更深层次的内容与信息。

经过职位分析后的最终结果就是一份完整的职位描述，一张完整的会议服务经理的职位描述如表 2—7 所示。

表 2—7　　会议服务经理职位职责

职务：会议服务经理	
上司：会议服务总监	
部门：会议服务部	
职位综述	在会议服务总监的领导下，负责所有会议团队的服务。计划、协调所有同会议团队有关的准备工作（如：高尔夫球场的预订、所需视听设备的准备等），以保证会议的成功举办，并对今后的会议进行促销。
工作范围	负责向饭店各部门确认并传达客户的需求，从而保证饭店对特定的团队自始至终提供恰当的服务。
目标/职责	1. 作为指定团队的主要客户联络人，计划、实施会议的各项活动。 占总工作时间的 25％ 2. 协调、分配所有部门的有关成功落实指定团队要求所必需的文案工作。 占总工作时间的 25％

3. 作为会议策划人的现场联络人，监督指定团队的各项活动。

占总工作时间的 15%

4. 协助会议服务总监做好会议协调人的培训工作。

占总工作时间的 15%

5. 除为指定团队安排并指挥落实会前会议外，还要出席每天及每周由会议服务总监召集的例会。

占总工作时间的 15%

6. 协助做好预测和预算工作的前期准备。

占总工作时间的 3%

7. 完成会议服务总监委派的额外工作。

占总工作时间的 2%

监督职能　直接监督：所管辖的办事员

间接监督：会议协调员

楼层经理

后勤人员

活动预订协调员

直接领导　对会议服务总监负责

责任/权限　员工方面：

负责传达、贯彻饭店的管理条例，确保销售合同的履行。派发有关客户需求的文字资料（客户背景资料、会议预订单）及销售合同。同各部门负责人及销售和服务人员保持有效联系。

材料或产品方面：

保管团队的最新档案资料以保证销售过程的有效协调及客户要求的最大满足。保证档案追踪系统的正常运行。

设备方面：

协助管理会议设备，使其正确使用并保持充足的库存，以保证各项活动的服务正常进行。

财务方面：

除负责最大限度利用多功能区空间外，还负责最大限度地增加所承办会议的收入。

业务方面：

保证团队、店外销售代表及店内服务人员的正常联系，同时负责建立同客户的联系，这将有助于增加回头客。

所需知识/资质　文化程度：大学学历（或相应的会议服务经验）。

经历：至少两年的会议协调经验并熟悉办公室工作程序，具有多功能厅布置和服务经验及较强的人际沟通和组织能力。

所需知识：多功能区的空间结构、房间布置、空间最大化利用、谈判及销售技巧，以及有关饭店管理、经营和饭店设施的综合知识。

资料来源：［美］Milton T. Astroff：《会展管理与服务》（第五版），387 页，北京，中国旅游出版社，2002。

第二节　人力资源配置方法

配置，是指匹配和安置。人力资源的配置也就是指将合理的人力资源进行有效的匹配和安置。这其中包括通过自己招聘、外包等各种途径完成人力资源的匹配和安置。本节主要讨论招聘，下一节结合会展业的行业特点，专门讨论外包。

一、招聘概述

招聘，在国外称之为雇用。国外有些人力资源管理论著，把雇用分为两大部分论述，即招募与甄选，或招募与选拔和任用。国内的一些专著，则往往将选拔作为招聘工作中的一个环节。

员工招聘，即企业通过劳动力市场获取人力资源的活动。它是企业根据自身发展的需要，依照市场规划和本企业人力资源规划的要求，通过各种可行的手段及媒介，向目标公众发布招聘信息，并按照一定的标准来招募、聘用企业所需人力资源的全过程。作为人力资源管理中的重要环节，员工招聘涉及规划、途径、组织和实施等诸方面。它是企业获取人力资源的第一环节，也是人员选拔的基础。

招聘在现代企业人力资源管理中，具有非常重大的意义：

第一，招聘是企业补充人力资源的基本途径。企业的人力资源状况处于变化的动态之中。企业内人力资源向社会的流动、企业内部的人事变动（如升迁、降职、退休、解雇、死亡、辞职）等多种因素，导致了企业人员的变动。同时，企业有自己的目标与规划，企业成长的过程也是人力资源拥有量的扩张过程。这些都意味着企业的人力资源处于稀缺状态而需要经常补充员工。所以，通过市场获取所需人力资源也就成了企业的一项经常性任务。

第二，招聘有助于建立企业的竞争优势。企业竞争归根到底是人才的竞争。企业拥有什么样的人才，在一定意义上决定了它在激烈的市场竞争中所处的地位。而企业对人才的获取是通过招聘这一环节来实现的。因此，招聘工作能否有效地完成，对提高企业的竞争力、绩效及实现发展目标，均有至关重要的影响。

第三，招聘有助于企业形象的传播。国外的人力资源管理学者曾经指出：公司招聘过程质量的高低会很明显地影响应聘者对企业的看法。国内也有许多案例表明，员工招聘既是企业吸引人才的过程，又是向社会公众宣传自身形象、扩大影响力和知名度的一个窗口。可以说，尽管员工招聘并未以企业形象传播为目的，但其过程客观上具有这一功能。

第四，招聘有助于企业文化的建设。有效的招聘，既能使企业得到人才，同时也为留住人才打下了基础，可减少因人员流动过于频繁而带来的损失，并增进企业内的良好氛围，如增强凝聚力、提高士气、增强员工对企业的忠诚度等。

二、招聘的一般程序

（一）员工需求分析

结合人力资源规划，企业这一阶段的主要工作是准确地把握有关部门对各类人员的需求信息，确定人员招聘的种类和数量。具体步骤为：

第一，由公司统一人力资源规划，或由各部门根据长期或短期的实际工作需要，提出人力需求。

第二，由人力需求部门填写“人员需求表”。各企业可因具体的情况制定不同的人员需求表，但应依据职位描述制定。人员需求表可包括如下内容：所需人员的部门、职位；工作内容、责任、权限；所需人数以及采用何种录用方式；人员基本情况（年龄、性别等）；要求的学历、经验；希望的技能、专长；其他需要说明的内容。

第三，人力资源部进行审核，对人力需求及资料进行确证，综合平衡，并对有关费用进行估算，提出是否受理的具体建议，报送主管总经理审批。

（二）制定招聘计划

经主管总经理批准的人员需求表，被列入人力资源部门招聘工作计划。人力资源部门着手制定招聘方案，明确应聘人员的资格和要求的标准。

1. 制定计划的意义

员工招聘录用计划是企业人力资源规划的重要组成部分，其主要功能是通过定期或不定期地招聘录用企业所需要的各类优秀人才，为企业人力资源系统充实新生力量，实现企业内部人力资源的合理配置，为企业扩大生产规模和调整生产结构提供人力资源上的可靠保证，同时弥补人力资源的不足。

更重要的是，员工招聘录用计划作为企业人力资源规划的重要组成部分，为企业人力资源管理提供了一个基本框架，为招聘录用工作提供了客观依据、科学规范和实用方法，能够避免人员招聘录用过程中的盲目性和随意性。

2. 计划的主要内容

（1）录用人数以及达到规定录用率所需要的应聘人员。企业应确定计划录用的员工总数。为确保企业人力资源构成的合理性，各年度的录用人数应大体保持均衡。录用人数的确定，还要兼顾到录用后员工的配置、晋升等问题。此外，企业还要根据以往的招聘经验，确定为了达到规定录用率至少应吸引多少人员前来应聘。

（2）从候选人应聘到聘用之间的时间间隔。有效的招聘计划还应精确地估计从候选人应聘到聘用之间的时间间隔。随着劳动力市场条件的变化，这些数据也会相应地发生变化。

（3）录用基准。即确定录用人才的标准。除个人基本情况（年龄、性别等）外，录用人才的标准可以归纳为五个方面：与工作相关的知识背景、工作技能、工作经验、个人品质、身体素质。要明确：哪些素质是职位要求所必需的，哪些是希望应聘者具有的。

（4）录用来源。即确定从哪里录用人才。确定录用来源有助于企业有效地把时间花费在某一劳动力市场上。费用最高的来源通常是猎头公司，其代理费大约为个人年薪的三分之一，企业招聘高级管理人才时比较适用；而对一般人员的招聘可到人才市场或职业介绍所，费用较低。企业应根据成本及时间间隔数据定期收集、评价招聘来源信息，对各种信息来源进行分类，选择那些能最快、最廉价地提供适当人选的信息来源。

（5）招聘录用成本计算。一般来讲，录用一个人所需要的费用可以用招聘总费用除以录用人数得出：每录用一人所需费用＝招聘总费用/录用人数。

除此之外，下列的成本计算也是必不可少的：人事费用，如工资、福利费及加班费；业务费用，如信息服务费、广告费、邮资费用等；企业一般管理费，如租用临时设备、办公用具等的费用。

3. 招聘中应注意的问题

在制定和实施人员招聘录用计划时，必须注意以下问题：不同的企业，处于不同发展阶段的同一企业，在编制人员招聘录用计划时，应区别对待，突出重点；员工招聘录用计划不仅要规划未来，还应反映目前现有员工的情况，如员工的调入、调出、升迁等；从录用方式看，包括定期录用、临时录用、个别录用等；企业处于多变的经济环境中，人员招聘录用计划应不断地根据实际情况的变化进行调整，绝不能一劳永逸；还必须注意到社会成员价值观念的取向、政府的就业政策和有关劳动法规，如在录用员工时，尽量不出现性别歧视。

（三）实施招聘

1. 企业内部人员调整

企业进行人员招聘时，内部调整应先于外部招聘，尤其对于高级职位或重要职位的人员选聘工作更应如此。因为这可以发挥现有人员的工作积极性；利用已有人事资料从而简化招聘、录用程序，可减少人力、财力等资源的花费；加快上岗人员的适应速度；控制人力成本，减少培训期和培训费用。

2. 外部选聘——发布招聘信息及广告

如果没有适宜的内部应聘者，或内部人力资源的数量无法满足需要，则需从外部招募。通过有效的招聘方式吸引各方人才前来应聘，是人员招聘录用工作的关键环节之一。

（1）委托各种劳动就业机构：委托各类学校的毕业生分配部门推荐；利用各种职业介绍所招聘；利用各种人才市场、劳务市场等招聘；委托猎头公司招聘。

（2）自行招聘录用：利用同事、亲属关系介绍；个别招募聘用；利用招聘广告募集，包括报纸广告、杂志广告、电视广告、电台广告、广告传单等。

3. 选择适合本企业的招聘方法

企业应对各种招聘方法的优缺点进行全面权衡。同时要充分考虑到企业的自身条件，如知名度、经营规模、业务内容、员工规模等。另外，还必须考虑到应聘者的价值观念、职业观、就业观等。在对上述这些方面进行全面分析、比较的基础上来选择适合本企业的招募方法是比较稳妥的。

（四）甄选

这一阶段共包括下述七个步骤。

1. 组织各种形式的考试和测验

考试和测验内容应根据职位的不同要求进行设计和取舍。一般而言，此项工作涉及下述几个方面的内容：专业技术知识和技能考试；能力测验；个性、品质测验；职业倾向测验；动机和需求测验；行为模拟；评价中心技术。

通过对应聘者施以不同的考试和测验，可以就他们的知识、能力、个性、品质、职业倾向、动机和需求等方面加以评定，从中选出优良者，进入面试候选人的范围。

2. 面试前的准备工作

在确定参加面试的人选、发布面试通知和进行面试前的多项准备工作：

（1）确定面试考官。面试考官应由三部分人员组成：人事部门主管、用人部门主管和独立评选人。但是，无论什么人担任面试考官，都要求他们能够独立、公正、客观地对每位面试者作出准确的评价。

（2）选择合适的面试方法。面试方法有许多种类，面试考官应根据具体情况选择最合适的方法组织面试。

（3）设计评价量表和面试问话提纲。面试过程是对每位参加面试的应聘者的评价，因此，应根据职位要求和每位应聘者的实际情况设计评价量表和有针对性的面试问话提纲。

（4）面试场所的布置与环境控制。要选择适宜的场所供面试时使用。许多情况下，不适宜的面试场所及环境会直接影响面试的效果。

3. 面试过程的实施

这一阶段是面试工作程序中最主要的环节。它依靠面试考官的面试技巧有效地控制面试的实际操作。实际上，面试过程的操作质量直接影响着人员招聘与录用工作的质量。

4. 分析和评价面试结果

这部分工作主要是针对应聘者在面试过程中的实际表现作出结论性评价，为录用人员的取舍提供建议性依据。

5. 进行录用决策

在经过笔试、面试或心理测试后，招聘工作进入决定性阶段。这一阶段的主要任务是通过对甄选评价过程中产生的信息进行综合评价与分析，确定每一位应聘者的素质和能力特点，根据预先确定的人员录用标准与录用计划进行录用决策。确定人员录用的最后人选后，如有必要则进行健康检查。

对测评数据资料的综合分析是通过专门的人事测评小组或评价员会议进行的。测评小组共同讨论每个评价维度的行为表现，得出对某一求职者有关这方面情况的一致评价意见。在对每一评价维度都进行了类似的综合后，评价员就要考虑勾画出该求职者在所有评价维度上的长处和弱点，然后作出最后的录用决策。这里需要注意的是：如果人事部门与用人部门在人选问题上意见有冲突，应尊重用人部门的意见；应尽可能地选择那些具有与企业精神、文化相吻合的个性特点的应聘者，即使他们没有相应的知识背景和工作经验，因为这些可以通过培训而获得，相对来讲，一个人的个性、品质是难以改变的。

6. 面试结果的反馈

员工选聘工作的每个环节都包含两个方面的结果：录用过程和辞谢过程。录用过程指应聘者在应聘过程中逐步被企业接纳，辞谢过程则是招聘录用过程中的淘汰。两者是同时延续和完成的。

面试结果的反馈有两条线路，一是由人事部门将人员录用结果反馈到上级和用人部门；二是逐一将面试结果通知应聘者本人，对录用人员发布“试录用通知”，对没有被接受的应聘者发布“辞谢书”。

7. 面试资料存档备案

将所有面试资料存档备案，以备查询。至此，招聘测试与面试工作全部完成，重新回到人员招聘与录用的程序之中。

（五）录用人员岗前培训

1. 培训目的

企业应庄严而慎重地向新员工介绍其工作、工作环境及同事，使其迅速熟悉业务流程，激励新员工的士气。

企业通过全面地、设身处地地向新员工提供情况、信息，可尽快消除新员工对新工作、新工作环境及新同事的神秘感，有助于新员工对其工作群体、整个组织以及工作环境建立积极的、真实的、有助于其工作成功的看法。

2. 培训内容

包括：熟悉工作内容、性质、责任、权限、利益、规范；了解企业文化、政策及规章制度；熟悉企业环境、职位环境、人事环境；熟悉、掌握工作流程、技能。

3. 培训周期

一般为三天至一星期，特殊职位的培训可以适当延长。

4. 对不合格者的规定

培训合格者方可上岗工作，对培训不合格者给予机会再行培训，如仍不合格，应予以辞退。

（六）上岗试用

1. 试用目的

通过工作实践考察试用人员对工作的适宜性，同时，也为试用员工提供进一步了解企业及工作的机会。事实上，这一阶段是企业与员工的双向选择过程，彼此双方不受任何契约的影响。

2. 试用周期

一般为三个月，特殊职位的试用期可为六个月，但须符合劳动法的有关规定。试用期工作优异者，经部门推荐、考核通过，可提前结束试用期，正式录用。

3. 对不合格者的处理

试用期违反公司规章、工作程序者，可能由于其对新环境不熟悉，应本着教育的原则予以纠正和帮助，如实在不能胜任者，可予以解除劳动合同。

三、招聘的渠道

招聘一般指的是从企业外部的人力资源市场中获得相关的人员，其渠道主要有：

（一）广告招聘

这是目前被广泛应用的外部招聘方法，即利用各种广告媒体和宣传媒介向外界广泛发布招聘信息，吸引社会上的人才前来应聘，并对应聘者进行一系列的资格审查、能力考核和测试，从中选拔出能够胜任该职位的人。

最常见的广告媒体是报纸、电视、广播、有关专业期刊等。利用这种方法招聘时，需精心设计招聘广告并选择合适的媒介。一般说来，为使更多的人在有意、无意间接收到信息，选择媒介时应考虑招聘目标，同时考虑到媒介的特点。如招聘对象为社会上广大的求职者，要求辐射面广、选择余地大，则可选择广播、电视；如需要精确地定向招聘专业技术人员，则可选择专业刊物或电视的专栏节目。通过报纸广告招聘是一种非常行之有效的方法，但是，现在多数招聘广告词都是平铺直叙，不讲究创意，在众多招聘广告中，如过眼烟云，转瞬即逝。因此，招聘广告必须讲究创意。其中，为招聘广告确定一句使人过目不忘的主题广告词，是一种简捷、有效的方法。

（二）就业中介机构招聘

这是近几年随着我国市场经济体制的建立和完善而产生并发展起来的，它作为职业供需双方的中介，承担着双重角色：既为企业择人，也为求职者择业。

目前，我国就业中介机构的主要种类有：劳务市场、人才市场、职业介绍所、人才中介公司、猎头公司等。企业可利用这些中介机构所提供的信息和条件扩大招聘范围，直接面对应聘者进行评价和筛选，或先由中介机构根据企业的招聘要求对应聘者进行初步筛选，从而大大提高招聘工作的效率。

猎头公司这些年在全国各地迅速兴起，除了国有和民营的猎头公司之外，大量外资猎头公司纷纷涌入我国。猎头公司专门为企业搜寻和推荐高级管理人才和关键技术人员。猎头公司的联系面很广，他们同许多已被聘用并且没有太大积极性变换工作的高级人才保持着联系，一旦有用人需求，他们便会诱使这些高级人才另谋高就。尽管利用这类机构进行招募活动要支付一定的费用（一般为所推荐人才年薪的 1/4～1/3），但是他们可以替企业的高层管理人员节省时间，并且承担了为这些空缺职位所做的一些初期广告工作。因此，这种招聘渠道具有很大的利用价值。

借助猎头公司招募人才时，应坚持以下几个原则：

第一，向猎头公司说明自己需要哪种人才及其理由。确信你所找的这家机构能够自始至终完成整个招募过程。根据行规，一家猎头公司在替前一位企业推荐人才后的两年内，不能再为另一个客户把这个人才挖走。因此，猎头公司面对的必然是一个搜寻范围不断缩小的市场，因而为客户输送一流的工作候选人会越来越难，因为那些最具潜力的人可能已经在为它的前一家客户服务了，而它对这些人至少在两年内是不能打主意的。

第二，要求会见猎头公司中直接负责本企业业务的人，确保他有能力完成招募任务。为本企业搜寻人才的机构不仅应了解本企业的优势，而且还会发现你企业的不足。所以，一定要选择一个能为本企业保守秘密的机构。

第三，事先确定服务费用的水平和支付方式。向这家猎头公司以前的客户了解该公司服务的实际效果。

（三）校园招聘

校园招聘是企业获得潜在管理人员和专业技术人员的一种重要途径，许多有晋升潜力的工作候选人最初就是企业通过到大学中直接招募来的。尽管从 1999

年12月教育部才开始允许企业进入高校招聘，即用人单位可以每年11月20日之后的休息日和节假日到高校开展宣传和咨询活动，但在此之前，已经有企业每年定期到大学去做招聘宣传，展开优秀毕业生的争夺。

一般而言，大学毕业生素质较高，具有生机和活力，并具有发展潜力，但由于缺乏工作经验，所以需要在招聘选拔大学毕业生的过程中注意以下几点：选派能力比较强的招聘人员，因为大学生更看重企业的形象；对工作申请人的答复要及时，否则对申请人来公司服务的决心会产生消极影响；大学毕业生总是感觉自己的能力强于公司现有的员工，因此他们希望公司的各项政策能够体现出公平、诚实和人性化。

除了各类大中专院校可提供中高级专门人才，职业技工学校可提供初级技工人才外，企业可有选择地去某校物色人才，派人分别到各有关学校召开招聘洽谈会。为了让学生增进对企业的了解，鼓励学生毕业后到本企业来工作，招聘者应向学生详细地介绍企业情况及工作性质与要求，最好印发公司简介小册子，或制成光盘、印刷介绍图片。

（四）员工推荐和申请人自荐

一些公司开展员工推荐活动，鼓励现有的员工向企业介绍新的工作候选人。在这种情况下，企业将空缺职位以及对被推荐者的要求公布出来，对于那些在企业的聘用工作中推荐候选人最多的员工，企业往往会给予奖励。这种做法可以通过减少广告费用和招募代理费而削减企业的招募成本，并且有可能招聘到高质量的工作候选人。不过，这种做法也有缺点：一方面可能会因为是熟人推荐而碍于情面，在一定程度上降低录用标准，并在今后的工作中带来管理上的困难；另一方面是一旦员工所推荐的人被拒绝，他本人就有可能产生不满。建议企业在采取员工推荐这种方式时，应注意做到：对应聘者测试后才可录用；请相关专业或相关领域的熟人介绍有能力的人前来应聘；录用后被介绍人尽可能不在介绍人领导下工作；如果推荐人的职业能力不足以评价所推荐人的职业领域时，不可采取此方式。

申请人自荐是看到企业的招聘广告或通过其他渠道了解到企业相关招聘信息后，主动与企业人力资源部门联系应聘的方式。对于这些毛遂自荐者，公司应该礼貌地接待，最好由人力资源部门指定专人与他们进行面谈。这不仅是尊重求职者自尊的问题，还有利于树立公司声誉和今后业务的开展。

（五）竞争对手与其他公司

对严格要求具有近期工作经验的职位来说，其竞争对手及同一行业或同一地区的其他公司可能是其最重要的招聘渠道。据有关机构统计，约有5%的员工随时都在积极寻求或接受着职位的变化。这一事实突出了这些渠道的重要性。事实上，许多企业已把竞争对手和其他公司作为招聘高素质人才的外部渠道，特别是那些小公司，更注重寻求那些接受过大公司培训的员工。

（六）行业协会

行业组织对行业内的情况比较了解，经常访问制造商、经销商、销售经理和推销员，如中国市场协会、高校市场营销研究会等，企业可请他们代为联系或介绍合适的人选。又如香港管理专业协会的市场推销研究社，企业常通过其介绍或推荐而获得希望转职的销售人员。

（七）网络招聘

近年来，随着计算机和网络技术的发展，出现了在网上进行招聘的方法，即通过在互联网上发布招聘信息，征集应聘者，在网上对应聘者进行筛选、评估、测试等，并通过视频进行简单的初试。

（八）管理实习生

管理实习生制度的价值和意义在于：它将有助于增加会展企业对那些极具发展潜质人才的吸引力，并有助于将其打造成优秀的企业经营管理人才，使组织保持持久的竞争优势，同时企业可以根据自己的发展做出相应的招聘计划、方法等。此外，对于中小会展企业而言，由于其规模较小，可通过该制度迅速造就一批优秀的中高层管理人员，迅速提高企业的竞争力，更快地对组织的业务产生战略性的影响，从而推动企业健康、快速地成长。因此，对于今天的中国会展企业而言，能迅速地将这些即将毕业的实习生造就成为企业发展中坚力量的管理实习生制度有着更为重要的意义。

管理实习生制度主要通过5个机制来保证其顺利实施：

(1) 招聘甄选机制。招募要严格。目的是确保管理实习生的高质量和来源多样性。招募对象主要集中在重点高校以及与企业保持联络关系的定点高校。主要考核其专业基础、个体综合素质和发展潜力。招聘流程与正式员工相似，需要经过简历筛选、笔试、多轮面试等层层筛选环节；招募的标准有别于普通员工，着重实习生发展潜能。

(2) 定期的专题培训机制。根据企业发展所需的知识与技能以及公司的实际情况，利用企业内部导师和外聘专家的方式，为实习生设计一系列与公司项目密切相关、实际工作所需的知识、技能、工作态度的培训，并且保持整个培训体系内容的动态性，以适应不断变化的环境需要。

(3) 导师辅导机制。实施导师辅导计划，目的是让实习生获取更广阔的视野。除业务上的“教练”——第一线项目经理外，企业还应指派一位资深高层经理（导师）协助每个实习生。导师教授的不仅仅是业务技能，还包括如何在企业成长，如何培养经营、管理能力，如何坚持不懈，如何进行良好的沟通等许多职业经理人的处事规则。透过分享知识、传授工作经验及提供意见的机制，企业可以减少实习生自己摸索求解的过程，引领实习生发展自己的领导能力和思考自己的职业发展方向，使个人得以成长。

（4）工作轮调机制。会展本身就是一个系统工作，它需要从业人员具备良好的综合素质，所以会展企业要培养出能独当一面的复合型人才，内部的工作轮调是一种经济又有效的方法。实习生要实际介入各部门，参与项目策划、销售、现场营运、行政业务的日常管理动作，促使他们“通才化”。这样实习生可以综合、全面理解企业目标及各具体职能，形成一种联系网络，提高实际解决问题的能力。

（5）专案管理机制。除正常业务动作外，为适应市场的变化，满足变革的需要，企业还需进行相关的专案管理。因此，有必要将专案管理纳入整个管理实习生制度，让他们参与企业的专案工作（企业项目策划专案、销售市场拓展专案等），通过“干中学”的方式，锻炼实习生的项目管理能力、领导能力、沟通能力和协调能力。企业评估实习生每阶段的表现，根据评估结果，实时调整管理实习生制度，并为见习期满的实习生确定是否留用或者定职定薪。

四、招聘中的甄选技术

对于应聘者进行甄选的方式有很多，与之相对应也就产生了大量的甄选技术，我们选择部分甄选技术进行介绍。

（一）书面材料审读法

1. 简历审读法

简历是应聘者自带的个人介绍材料。对于如何筛选应聘简历，实际上并没有统一标准进行评估，因为简历的筛选涉及很多方面的问题。而目前的简历大多是打印而成，没有办法从字体上来判断出什么问题。简历的筛选可以按照以下步骤进行：

（1）分析简历结构。简历的结构在很大程度上反映了应聘者的组织能力和沟通能力。结构合理的简历都比较简练，一般不超过两页。书写简历并没有一定格式，只要通顺易懂即可。

（2）重点看客观内容。简历的内容大体上可以分为两部分：主观内容和客观内容。在筛选简历时注意力应放在客观内容上。客观内容主要包括个人信息、受教育经历、工作经历和个人成绩四个方面。个人信息指姓名、性别、民族、年龄、学历等；受教育经历指上学经历和培训经历等；工作经历指过去的工作单位、起止时间、工作内容、参与项目名称等；个人成绩包括学校、工作单位的各种奖励等。主观内容主要包括应聘者对自己的描述，例如个人爱好、兴趣、特长以及对自己的评价等。

（3）判断应聘者是否符合职位技术和经验要求。在客观内容中，首先要注意个人信息和受教育经历，判断应聘者的专业资格和经历是否与空缺职位相关并符合要求。如果不符合要求，就没有必要再浏览其他内容，可以直接筛选掉。如在阅读受教育经历中，要特别注意应聘者是否用了一些含糊的文字，比如没有注明大学教育的起止时间和类别，这样做很有可能是在混淆专科和本科的区别，或者是统分、委培、成教等形式的差别。

（4）审查简历中的逻辑性。在工作经历和个人成绩方面，要注意简历描述是否有条理，是否符合逻辑。比如求职者描述自己的工作经历时，列举了一些著名企业和一些高级职位，而他所应聘的却是一个普通职位，这就需要引起注意。再比如，有的求职者称自己在许多领域取得了不俗成绩，获得了很多证书，但是从他的工作经历中分析，很难有这样的条件和机会，这样的简历也要引起注意。如果能够断定在简历中有虚假成分存在，就可以直接将这些简历筛选掉。

（5）对简历的整体印象。即通过阅读简历，是否留下好的印象。另外，标出简历中感觉不可信的地方以及感兴趣的地方，面试时可询问应聘者。

2．求职申请表审读法

申请表的筛选方法与简历的筛选有很多相同之处，其特殊的地方如下：

（1）判断应聘者的态度。在筛选申请表时，首先要筛选出那些填写不完整和字迹难以辨认的材料。对态度不认真的应聘者安排面试，纯粹是在浪费时间，可以将其筛选掉。

（2）关注与职业相关的问题。在审查申请表时，要估计背景材料的可信程度，要注意应聘者以前经历中所任职务、技能、知识与应聘职位之间的联系。比如，应聘者是否标明过去企业的名称、过去的工作经历与现在申请的工作是否相符、工作经历和教育背景是否符合申请条件、是否经常变换工作以及这种变换是否有合理的解释等。在筛选申请表时还要注意分析其离职的原因、求职的动机，并对那些频繁离职人员加以关注。

（3）注明可疑之处。不论是简历还是应聘申请表，很多材料都会或多或少存在内容上的虚假。在筛选材料时，应该用铅笔标明这些疑点，在面试时作为重点提问的内容加以询问。

值得注意的是，由于简历和求职申请表所反映的信息不够全面，决策人员往往凭个人经验与主观判断来决定参加复试的人选，这样带有一定的盲目性，会产生漏选的现象。因此，初选工作在费用和时间允许的情况下应坚持面广的原则，尽量让更多的人员参加。

书面材料审读法的优点是成本低廉、节省时间，但主要缺点是可信度差，因此只能作为辅助手段来运用，极少单独使用。

（二）测试法

测试主要能预测申请人的能力特征及在今后特定领域的工作表现，以帮助企业选择对职位要求特别适宜的人员。它主要借助于一些技术手段和方法，对申请人的专业知识、智力、知识面、能力、个性特征等做出客观的评价。随着现代心理学、企业管理学及测试技术和方法的交叉结合，并大量运用到人员招募中，现代测试方法越来越多，如专业知识测试、能力测试、运动和身体能力测试、个性与兴趣测试、成就测试、工作样本法等。最近几年，随着学习技术的发展，还涌现出很多的测试软件。这里我们以能力测试、个性与兴趣测试、成就测试为例，简要介绍测试的内容和方法。

1. 能力测试

能力测试包括一般智力测试和特殊认知能力测试。一般智力测试即测试一个人的智商水平。它一般通过对一个人的语言能力、文字能力、数字计算能力、图形识别能力、空间能力、观察力、记忆力等一系列具体的测试来完成。当前国际上常用的智力测试有两种：斯坦福－比奈智力测验和韦克斯勒智力测试。特殊认知能力，也称特殊心理能力，包括归纳和演绎推理、语言理解、记忆及数字能力。这种测试的目的是检测应聘者对某一特定工作的能力倾向，如：机械理解测试，测试应聘者对基本机械原理的理解，预测应聘者对工作（机械师或工程师工作）的能力倾向。

2. 人格、个性与兴趣测试

员工的工作绩效不仅取决于他的智力和身体能力，还取决于其心理状态和人际沟通技巧等因素，这就要借助于人格、个性与兴趣测试。人们经常用“大五”模型来进行人格测试，“大五”指的是：外倾性、随和性、责任心、情绪稳定性、经验的开放性。这五维度的研究，除了提供总体的人格框架外，还提供了这些人格维度与工作绩效之间的重要关系。比如，对于所有的人员来说，责任感可以预测工作绩效；外倾性可以预测管理和销售职位的工作绩效；经验的开放性在预测培训效果方面很有借鉴意义；那些在情绪稳定性方面得分较高的人员更换单位的几率较小，因为情绪平和而有安全感的人会比焦虑不安的人工作做得更好。个性测试常见的有明尼苏达多相人格测验、卡特尔 16PF 测验、MBTI 等。兴趣测试是将一个人的兴趣与不同职业中的人的兴趣相比较，如果对一个人进行相关的兴趣调查，就可以把他的兴趣与已在职的会计、工程师、管理者做比较。兴趣测试有多种用途，最典型的是用于员工的职业生涯设计，因为一个人如果对其工作感兴趣，就可能做得更好。兴趣测试还可用作选择工具，如果选拔与那些成功的在职者有大致相同兴趣的人填补职位空缺，这些工作候选人在新的工作职位上成功的可能性就更大。

目前测试被越来越广泛地运用在各级各类招聘过程中，与此对应出现了大量从事从业测试的机构。

（三）笔试法

笔试试题主要分下述三种。

1. 百科知识考试

又称广度考试，或者叫综合考试。考试内容很广泛，可以包括天文地理、自然常识、社会常识、数理化、外语、体育、文艺等。百科知识考试的目的主要是了解应聘者对基本知识的了解程度，以及掌握知识的水平。

2. 相关知识考试

又称结构考试。主要是了解应聘者对应聘职位有关知识的掌握情况。

3. 业务知识测试

又称深度考试。主要考试内容是和应聘职位有直接关系的专业知识，这种测试经常采用笔试形式，也可采用口试形式。

业务知识测试以工作分析信息为基础，且必须针对某项具体工作。当机构内部没有这方面的专家时，可以聘请外面的顾问设计测试题。

在选择笔试时要注意：有条件企业应该自己建立题库。在每一次考试时，抽出有关的试题进行组合，这样测试时就比较科学了。但是入库的题目一定要经过科学的测定，否则这个题库作用也不大。尽量请有关的专家出题。在请有关专家出题时，一定要向他们详细地讲述这次招聘的目的，使专家们了解测试的目的，然后根据要求出题，这样出的题相对来说比较科学些。一定要严格执行考试操作中的各项原则，尽量防止各种不科学、不公平、不严格的现象出现。

（四）面试法

所谓面试，即为了更深入了解应聘者的情况，判断应聘者是否符合工作要求而进行的招聘人员与应聘者之间的面对面的接触。

在人员筛选过程中，与应聘者的面谈或面试一般有两次：第一次是初次筛选会谈；第二次是录用测试合格后的综合面试。面试的目的主要有：让应聘者了解本企业及其工作情况；了解应聘者能够做什么工作；了解应聘者能否胜任某项工作；将某一应聘者与其他应聘者各方面的资格、能力进行比较。

1. 面试的分类

面试根据不同的分类方法有很多种，本书仅介绍最通用的分类方法，即根据面试时所提问题，可将面试分为结构化面试、非结构化面试及行为描述面试三种。

结构化面试由一系列连续向申请某个职位的求职者提出的与工作相关的问题构成。这一方法由于减少了非结构化面试的不一致性和主观性，从而增加了面试的可靠性和准确性。

结构化面试一般包括四类问题：情景问题提出一个假设的工作情景，以确定求职者在这种情况下的反应；工作知识问题探索求职者与工作相关的知识，这些问题既可能与基本的教育技能有关，也可能与复杂的科学或管理技能有关；工作样本模拟问题包括一种场景，在该场景中要求求职者实际完成一项样本任务；当这种做法不可行时，可采取关键工作内容模拟。回答这些类型的问题可能要求体力活动。

一个设计良好并有固定模式的面试仅包含与工作相关的问题，且每个问题都有特定的目的。

在非结构化面试中，面试者会提出探索性的、无限制的问题。这种面试是综合性的，鼓励求职者多谈。非结构化面试一般比结构化面试耗时更多，且因不同的候选人会获得不同的信息。这更增加了使用该方法的潜在的法律问题。这些问题混合在一起，可能导致企业讨论的是愚蠢、有潜在歧视性的信息。被鼓励讲出心里话的求职者可能自愿提供一些面试者不需要或不想知道的信息。

行为描述面试也属于结构化面试，它采用专门设计的问题了解求职者过去在特定情况下的行为。它避免了对求职者个性做出评价，避免了假设的和自我评价的问题。在特定情景中的行为被仔细加以选择，因为它们与工作成功密切有关。通过询问求职者在设定情况下的反应，可将其罗列成一系列参考依据。如提问：请告诉我一个在没有充分信息的情况下，你必须做出一项重要决策的情况。我们一般称其为“STAR”面试法，即设定一个情景（Situation），给定一个任务（Task），询问应聘者的行动（Action），最后判定将会得到什么结果（Result）。

2. 面试程序的设计

面试是在连续的提问与对话中完成的。一般而言，面试可分为五个基本阶段：

（1）预备阶段。多以社交话题为主，主要帮助求职者消除紧张戒备心理，建立面试阶段所需的和谐、宽松、友善的气氛。当求职者的情绪平稳后，即可进入第二阶段。

（2）引入阶段。围绕求职者的履历提问题，逐步引出面试的正题。要给求职者一个真正发言的机会，同时，面试者开始对求职者进行实质性的评价。

(3) 正题阶段。面试者通过广泛的话题，从不同侧面了解求职者的心理特点、工作动机、能力、素质等。一般说来，面试的主要部分就在这个阶段，面试常见的问题类型有：

1) 封闭式提问。只需求职者做出简单的回答，一般以“是”或“不是”为答案，至多加一点简单的说明。这一方式只是为了明确某些不甚确实的信息，或充当过渡性提问。

2) 开放式提问。鼓励求职者自由发挥。在求职者回答问题的过程中，面试者对其逻辑思维能力、语言表达能力等进行评价。

3) 引导性提问。涉及薪酬、福利、工作安排等问题时，通过这种引导性提问的方式征询对方的意向、需要和一些较为肯定的回答。

4) 压迫性提问。主要用于考查求职者在压力情况下的反应。提问多从求职者的矛盾谈话中引出，比如面试过程中求职者表示对原单位工作很满意，却又急于调动工作，面试者可针对这一矛盾进行质询，形成压迫性的谈话。

5) 连串性提问。主要考查求职者的反应能力、思维的逻辑性和条理性及情绪稳定性。比如：“我问三个问题：第一，你为什么离开原单位？第二，你若到我们单位，有什么打算？第三，如果你到我们单位，发现新工作和你所设想的有距离，你会怎么办？”

6) 假设性提问。采用虚拟提问，目的是为了考察求职者的应变能力、思维能力和解决问题的能力。如“你现在的工作不错，福利也很好。如果我是你，会留在原单位工作，你认为呢？”

(4) 变换阶段。此时面试的主要问题都已谈过，面试者可提一些更尖锐、更敏感的问题，以更深入地了解求职者，但要注意尊重对方的人格和隐私权。

(5) 结束阶段。此阶段应给求职者留下自由提问的时间。结束应自然，不要让对方感到突然，留下疑惑。

面试的各阶段转换是一个有机连续的过程，面试者要熟练掌握面试技巧，使面试过程既具有连续性又能显现阶段性，以保证面试过程的顺利进行。

面试者应注意把握节奏。若频率低，缺乏节奏和变化，易使双方感到沉闷乏味；若频率过高，缺乏思考和回味余地，易使求职者回答过于仓促，评价小组成员无法细致评判，从而降低面试效果。因此，提问应简洁明了，不要对问题反复解释，生怕别人不明白，同时，还要掌握好时间，把握面试进度，有些问题不要和求职者进行纠缠，以免延误时间。一般而言，时间在30分钟左右，提10个左右问题较适宜。

此外，面试时要尽可能消除上述偏差，一是对面试主考官进行培训，提高面试甄选的水平，二是尽可能采用结构性面试和集体面试。

（五）背景调查法

通过对应聘者过去企业的访问或电话联络知悉应聘者的表现即为背景调查。在西方国家，背景调查可以说是必不可少的一种招聘甄选手段。目前我国企业的使用正日渐普遍。

1. 背景调查的类型

（1）以背景调查的对象和内容为分类标志，可以将背景调查分为三种类型：

1）证明人核实。指与熟悉申请者工作历史的人交谈，并询问一些侧重于获得与工作有关的信息的问题，看看那些信息能否帮助组织衡量申请者是否胜任其所应聘的职位。

2）凭证核实。指对申请者提供的学历证书、资格证书、驾驶执照之类的东西进行核实，如果有可能，还应对申请者是否有前科及其信用记录等进行调查。

3）培训核实。指对申请者的优点和缺点进行调查了解，以确定是否需要对其进行有关培训，这样可节省时间和精力，从而为生产率的提高奠定基础。最好的做法是去询问申请者过去的主管。

（2）以背景调查的方式为分类标志，可以将背景调查分为两种类型：

1）亲自调查。指招聘者亲自打电话或亲自前往实地取证以核实申请者所提交的有关材料的真实性。

2）委托调查。指招聘者委托代理机构核实申请者提交材料真实性的工作。选择代理机构时，一定要对各机构的服务、经验、收费、时间等进行比较，然后慎重选择。委托调查的前提是相关代理机构做得比自己更好、更细致、更深入。

为节省时间、费用及保留第一手信息，招聘者也可以将背景调查工作内容分成两块：向证明人的取证工作可由招聘者自己完成，因为这样可以保留更多第一手的信息；至于犯罪和信用记录调查等需要特殊专业资质才能完成的工作，则可委托有关的专业代理机构去做。

2. 背景调查的内容

有些人认为个人履历或申请表的所有内容都需要一一核实，因为任何伪造行为都反映了申请者的品行。但是这种做法往往是既费时又费钱，而且如果调查的事情与其所应聘的工作无必然的直接联系，势必会引起人们对这种行为公正性的质疑。

做好背景调查的第一步是将你需要核实的与工作相关的信息列成一张表。表 2—8 列出了需要调查的“典型”项目与“棘手”项目。

为了保证连贯性和准确性，建议招聘者根据工作职位分析、申请表分析和个人履历分析的有关内容，来制作背景调查表。而且，最好还挑出那些最关键的淘汰因素，并置于调查表的最前端。因为这样做一则便于相关内容的记录，二则有利于确保程序公平和结果公平，三则便于及时淘汰不合格者。背景调查表的样例见表 2—8。组织可根据自己的特殊情况，适当地增、删某些内容。

表 2—8　　常见的背景调查项目

典型的	棘手的
1. 学历文凭	1. 离职的原因
2. 执照、证明或其他证书	2. 是否有资格再次被雇用
3. 聘用时间	3. 工作表现的描述
4. 所任职务	4. 与现在正在从事这一工作的人相比较
5. 基本职责	5. 可靠或尽责的程度
6. 主管的姓名和职务	6. 证明其出色表现的实例
7. 离职后的补偿	7. 强项及发展要求
	8. 阅读部分履历或申请表并请证明人证实其准确性
	9. 为雇用他（她）我会保留哪些条件

（六）其他辅助测试法

1. 体检法

即指定应聘者到指定医院或体检中心参加体检来达到对应聘者的甄选目的。由于体检需要一定的费用，因此，一般在基本录用意向确定后安排。

2. 证明信或推荐信法

通过与应聘者熟悉的相关人员的证明信或推荐信来达到对应聘者的甄选。要求提供证明信或推荐信的人做到：

请证明信或推荐信的写作者首先明确表明自己与所证明人之间的关系，并如实告知与被推荐者的认识时间（何时开始认识或认识多久）和认识程度（偶尔见面或密切接触）。

请写信人用实例来支撑自己的观点或评价。换而言之，无论是表扬优点，还是批评缺点，都要详细陈述他们的理由或导致他们得出那个结论的事例。

由于证明信及推荐信的可信程度一直受到置疑，因此也只能作为辅助手段来使用。

第三节　会展业人力资源配置的特殊性

会展业的人力资源配置结合其行业的特点，其特殊性主要表现在以下几个方面。

一、人力资源使用的阶段性

会展业中的机构由于其行业的特殊性，因此，在人力资源的使用过程中存在着明显的阶段性特征，即只有在会展举办的时段才是人力资源集中使用的时段，即所谓的繁忙时节，而在平时，则属于“淡季”，因此，解决阶段性的人力资源使用问题成了会展业人力资源管理中的一个相当关键的问题。

首先是如何解决短期内的集中招聘问题。一般情况下，由于会展举办时使用的人力资源时间短，且要求短期内到位，必然给招聘带来极大的难度。一方面是因为会展举办期间大量的人力资源从何而来、如何招聘是一个大问题；另一方面是由于人力资源使用的时间短，工作性质极不稳定，也大大增加了招聘的难度，也使得会展企业在管理过程中增加了大量的不确定因素。

其次是短期的人力资源使用同我国现行的劳动法律法规有一定的冲突。自1995 年《中华人民共和国劳动法》实施后，我国从法律上就消灭了“临时工”这个概念，因此无论人力资源使用的时间长短，也只能在劳动合同的期限上有所区别。但是会展一般举办的时间短则三、五天，最长的也不过十天、半个月，世博会也最多一年或几年，那是极少数，因此，诸多会展企业不得不违规使用人力资源，这就形成了“有法不依”的状况，既无法保护人力资源的利益，也对会展企业形成了极大的风险。

最后，长期计划经济的影响和人力资源追求长期工作稳定工作的观念对会展企业人力资源阶段性使用带来极大的障碍。

二、人力资源外包使用的普遍性

正是由于会展企业在人力资源使用方面的阶段性导致大量的会展企业采用人力资源外包这一做法。所谓人力资源外包，通常是指让第三方服务商或服务出售商连续提供人力资源管理服务，这种管理过去通常是由企业内相关部门实施和完成的。服务商将签订合约管理某项特定的人力资源活动，提供预定的服务并收取既定的服务费用。对于会展企业而言，人力资源的外包可能是一项明智的选择，这是因为人力资源使用的阶段性导致一家会展企业不可能长期拥有所有会展举办期间所需要的人力资源，因此，只能在会展举办期间向专业的服务提供商去租用，这就形成了人力资源的外包需求，于是市场上的会展企业服务外包供应商大量涌现，如提供礼仪服务的公司、提供展台搭建的公司、提供货物运输拆装的公司、提供会展气球的公司等等，并且服务逐步精细化和专业化。此外，外包带来的直接好处还有可降低成本，使得各种会展企业集中于其主营业务，提高其核心竞争力。影响外包决策的因素见表 2—9 所列，说明会展企业人力资源外包的意义所在。

表 2—9　　影响外包决策的因素

外包的原因	符合目标的企业比例（%）		
	符合目标	不符合目标	还不能断定
改进成本效益	82	5	13
降低管理成本	75	8	17
利用技术进步/专门知识	82	7	11
改进客户服务	70	19	11
调整人力资源职能/方向，聚集于战略/规划	66	15	19
使企业聚焦于核心业务	63	21	16
降低企业日常管理费用	82	9	9
提供更多的服务	47	38	15
职员不够	69	27	4
提高参与者的满意度	54	27	19
缩短对参与者要求的响应时间	59	29	12
控制法律风险/改进遵守法规的情况	53	39	8
提高适应特殊需要的灵活度	51	38	11
提高准确性	49	41	10
使管理成本更明确	45	44	11
执行全面质量管理	17	71	12

一般说来，实施和进行外包服务有很多步骤，库克提出了十二个保证外包项目成功的步骤，可以作为会展企业在人力资源使用过程中采用外包方法的参考，如图 2—1 所示。

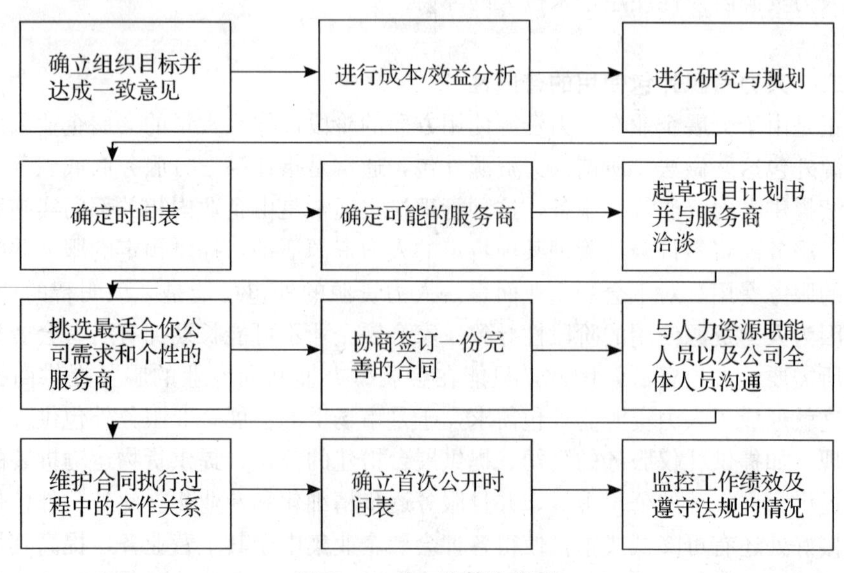

图 2—1　外包决策流程图

资料来源：［美］玛丽·F·库克：《人力资源外包策略》，20 页，北京，中国人民大学出版社，2003。

对于会展企业而言，除了有自行招聘人力资源的渠道和方法之外，还要具备管理和使用外包服务供应商的能力，以达到“借船出海”的目的。

复习思考题

1. 什么是职位分析？职位分析有哪些作用？
2. 职位分析有哪些常用的方法？
3. 招聘的一般程序是怎样的？
4. 招聘有哪些渠道？
5. 甄选有哪些方法？其中面试法有哪些种类？什么是行为描述面试法？
6. 会展业人力资源配置有哪些特殊性？

第3章

会展业人力资源的胜任力提升与开发

导入案例　大通曼哈顿的智力投资

大通曼哈顿银行重视培训、重视人才的主要表现形式是在对教育费用的重金投入上。因为这是一种投资，可以带来长期稳定的巨大收益。对这一点，几乎所有的美国商业银行都有共识，大通曼哈顿银行在此方面做得更加突出一些。他们平均每年对教育经费的支付就达5 000万美元。而且，如果在银行工作期满半年以后，没有学位的可直接申请入学，由银行提供全部费用。重金的投入加快了人才培养的步伐，也间接地加速了大通曼哈顿银行内部素质的提高。

银行内部素质的明显提高，使得大通曼哈顿银行在资金的投入上得以加大。大通曼哈顿老总裁曾说过：企业的实力是一定要让人才队伍超前于事业发展，才能更快地适应国际金融市场并得以发展。

大通曼哈顿银行设置专门的培训机构和专职人员，他们的人事管理部门下属的1个～5个培训处都有足够的人员抓培训工作，大通曼哈顿银行的职员培训部门是由83个有经验的培训管理人员组成。他们的主要任务如下：一是为领导提供员工教育的有关信息（如本年度培养的具体人员和对其培训的基本项目，及其培训的结果）。他们尤为重视对学员心理素质的培训，每个学员都要在培训部门所设的各种各样的困境中，战胜并超越自我，最后才能真正占有一席之地。二是负责组织银行领导与员工之间的信息交流。培训部定期让员工与银行领导会面，把自己心里的想法和愿望反馈给银行领导。这样直接地沟通了员工与领导之间的思想，并缩短了他们之间的距离，对日后工作的开展起了很重要的作用。三是根据银行领导或董事会的要求，组织员工撰写个人年度培训计划。四是组织落实各种培训工作。如他们的职工教育技能培训可分月进行，趣味性的培训每周两次。这种培训机构完成了银行的各种培训计划。

认真执行年度培训计划是大通曼哈顿银行每年必做的一项工作，银行要求全体员工每年要搞一个自我培训计划，并做到切实可行。如某员工在自我培训计划中这样写道：1月～2月，对银行内部的基本环境和结构做一次调查；2月～3月，对自身不足之处和对银行的不满之处做一个系统的总结；3月～7月，主要对自己不足之处加以改善；7月～12月，对银行的不足之处提出更好的建议。大通曼哈顿银行的培训计划，是在员工提出的新一年培训计划的基础上，由总行制定，再由员工选择，如微机、写作、银行新业务等；然后，交员工所在部门审核并报上级部门；最后，由培训主管部门汇总、实施。

资料来源：金延平：《人员培训与开发》，26页，大连，东北财经大学出版社，2006。

第一节 胜任力概述

一、胜任力的定义及其模型

胜任力是指个体具有的、为了达成理想的目标以恰当的、一贯的方式使用的特征。这些特征包括知识、技能、自我形象、社会性动机、特质、思维模式、心理定势，以及思考、感知和行动的方式。

胜任力模型是对某一职务类别、工作团队、科室、部门或组织中的成就所需要的胜任力特征的书面描述。一般说来，针对某个职位的胜任力模型通常是指能胜任该职位的技术技能、知识领域、行为方式、个人特征、标准、结果以及关键的经验。

例如，美国国际发展协会（USAID）赞助的一项关于企业家胜任特征模型的研究，提供了一个普遍的、适用于跨文化情况的企业家通用胜任力模型，如表3—1所示。

表3—1　企业家通用胜任力模型

权重	胜任特征
6	成就欲、主动性、捕捉机遇、坚持性、信息收集、质量与信誉意识、执行力
5	系统性计划、解决问题
4	自信、专业经验、自知之明
3	影响力
2	指挥
1	带队伍、建立人际资源

通过区分成功与较不成功的企业家的研究，杰出企业家在六大类胜任特征上与一般企业家呈现显著差异。

（一）成就类特征

（1）主动性；

（2）捕捉机遇；

（3）坚持性；

（4）信息收集；

（5）注重高品质的工作；

（6）注重信誉；

（7）效率倾向。

（二）认知类特征

（1）系统性规划；

（2）解决问题。

（三）个人特征

（1）自信心；

（2）专业能力；

（3）自知之明。

（四）影响类特征

（1）说服力；

（2）影响策略运用。

（五）管理类特征

（1）果断力；

（2）监督。

（六）助人/服务类特征

（1）正直诚信；

（2）关心员工的福利；

（3）了解商业关系重要性；

（4）为员工提供训练的机会。

（七）其他

（1）建立资本；

（2）关心产品与服务的形象。

通过对胜任力的分析和胜任力模型的构建，可以对员工现有的能力进行分析，并且同职位所需的胜任力进行比较，从而找出差距，针对胜任力提升开展人力资源开发与培训。

基于胜任特征的员工培训是以培训对象和特定职位所需的关键胜任特征，即将高绩效者与普通绩效者相比表现突出的特征即胜任模型作为培训的重点内容，再将个体与胜任模型中差异较大的特征列为个体最具针对性的关键内容。这样，对在职人员的培训就能量身定做培训计划，帮助员工弥补自身“短板”的不足，有的放矢地突出关键内容，杜绝不合理的培训开支，提高培训的效果，增强受训者适应未来环境的能力和发展潜能，为企业创造更多的效益。

二、构建胜任力模型的方法

构建胜任力模型的方法不少，但其中存在一个巨大的挑战，那就是识别胜任力特征的快慢速度和胜任力模型构建之后的有效性之间的矛盾。通过长时间的非常精准的过程构建的胜任力模型固然很有价值，但可能周期太长，无法应对企业人力资源管理的燃眉之急，且费时、费力，费用昂贵，也不为企业所接受。我们在这里介绍 3 种比较常用和简洁的胜任力建模方法。

（一）职务竞争力评估方法

这一方法是由哈佛大学心理学家大卫·麦克里兰提出来的，用以识别那些抽象的或不太明显，但能导致员工实现卓越目标的胜任力特征。这一方法主要是通过行为事件访谈（BEI）的程序来收集数据并进行分析，即在访谈过程中，访谈人问一系列具体的问题，如员工认为在工作情形中有哪些是成功的行为，哪些是不成功的行为，关键是分离出成就卓著者身上独一无二的特征。

职务竞争力评估方法的具体操作步骤是：

首先，识别出卓越员工和一般达标员工，然后针对他们工作中经历的关键事件进行访谈。访谈者要求被访人提供有关成功的和不成功的工作经历的具体细节，并鼓励被访人全面地描述他们的思想和感情，采取的行动，以及每一工作事件的周围情景或影响工作事件的情景。在取得被访人的许可后，对访谈进行录音。研究者随后对磁带进行转录，形成书面的访谈录。在大多数情况下，研究者为每一职务建模需要至少 6 名～12 名被访者。一旦访谈收集完毕并转录成访谈录，几名访谈者就可以一起把访谈中发现的特征（即那些潜在的胜任力特征）识别出来。这需要采用恰当的定性数据分析方法对访谈录中的关键主题进行编码。

其次，把数据制成表格，并采用严格的统计分析处理，从而识别出三类特征：只有成就卓越者具有的；成就卓越者和绩效达标者都具有的；只有绩效达标者具有而成就卓越者不具有的。前面的第一类特征就代表了那些能区分绩效优劣的员工胜任力特征，第二类则代表最小化的员工胜任力特征，第三类则是需要摒弃的特征，因为成就卓越者即使为了取得达标绩效，也不使用这些特征。因此，第三类特征或特质就不是胜任力特征。一种特质只有当它是达标或卓越水平绩效所必要的特征时，才能作为一种胜任力。

尽管行为事件访谈法能得到丰富的、全面的与工作有关的数据，但也存在一些缺陷。首先，它无法用于识别未来工作的胜任力特征。毕竟，访谈是基于被访人的过去经历。其次，行为事件访谈要求训练有素的访谈者和统计上的支持。为此，组织可能需要寻求外部资源来完成一些必要工作。最后，必须有关键的员工可进行访谈，而这又导致工时的损失。行为事件访谈是一个花费高、耗时长的过程是显而易见的。

（二）胜任力清单方法

这是一种相对比较简单的方法，即人力资源管理人员从公开的或不公开的各种文献资料中获得某些职位的胜任力清单，一般这类职位属于企业内普遍适用的通用职位，如财务经理、销售经理、秘书等，因此，有许多机构已经对这类通用职位的胜任力模型进行了开发，并且可以购买。

胜任力清单方法往往比前面说过的职务胜任力评估方法更为节省开支，但这也要进行一番权衡。尽管高质量的清单是从专业协会或政府机构进行的那些可靠的研究中整理出来的，但来自外部资源的胜任力清单是否对组织具有价值，尚存有疑问。

为了切实有用且不出差错，一份胜任力清单对它所包含的工作来说必须全面，必须能代表这一工作领域的最新方法和实践水平。这些因素影响由清单推导出来的胜任力模型的效度和信度。效度是指为达到预期经营效果必需的胜任力特征的衡量指标。而信度是指测量方法是否准确地反映员工实际的胜任力水平。因此，人力资源管理人员应该仔细检查他们找到的胜任力清单的出处。

企业可以用很多方式根据胜任力清单建构胜任力模型。胜任力特征可以围绕工作角色进行构建，也可围绕传统的职务进行构建，或者是围绕工作产出或结果等进行构建。从企业外部获得的胜任力清单往往需要根据企业实际情况进行修订，一般来说修订的方法有下述几种。

1. 卡片分类法

具体步骤是首先把胜任力陈述（取自访谈录或从清单中编辑而来）写成索引卡片。然后确定一个被试小组，小组成员聚在一起对卡片进行分类。分类时，需要对小组成员进行指导，例如，要他们对卡片分类，确定他们认为任职者为了成功履行职务必须展示出来的不多于 15 种胜任力特征。分类活动的目的决定了使用的程序。对于分类的结果，如果必要的话可以对最后得到的列表进一步进行提炼。

2. 焦点小组法

具体步骤是组成一个小组对某一份胜任力清单进行聚焦或分析讨论。在焦点小组法中，研究者必须谨慎，尽量避免群体思维和一边倒的情况。“群体思维”是指大多数参与者有相同的想法或意见，而持异议者不愿说出他们的想法。这样的结果是，小组都聚焦于一种思想。“一边倒”是当焦点小组的主导性格产生的影响过大时就会出现这种情况。在应用传统的焦点小组进行胜任力识别时，如果没有一份较全的胜任力清单可用而只用此一种方法，那么它仅能识别目标职务类别的大约40%的关键胜任力特征。因此，在准确性方面显得不够。

3. 书面调查法

书面调查包括一份胜任力清单（或者是其要素）和一份量表，让被试者对量表中每一种胜任力的重要性作出评定。这种方法可能会由于某些原因导致问题出现。首先，问卷过长可能导致反应定势，被试者对所有胜任力特征的重要性或价值都给予相同的评定。其次，管理者可能把问卷委托给不太知情的下属来完成。

（三）课程开发法

课程开发法（DACUM）是一种流行的职位分析过程，根据经过培训的焦点小组方法来收集信息并进行分析、得出结论。

具体步骤是首先把工作专家集中起来。这些专家可以是成就卓越者、经理、主管、团队领导，也可能是顾客，前提是他们需要特别熟悉所要描述的工作。让这些专家描述人们为达到必要的结果每天进行的工作活动。这些工作活动构成揭示达到工作产出或结果所必需的潜在胜任力特征的基础。

这种方法的应用促进了人们对以下领域的理解：组织的经营需要和项目结果对满足这些需要的影响；工作产出、活动和任务；为成功完成工作所需的非任务性的或抽象的胜任力特征。

第二节 人力资源开发与胜任力提升

一、人力资源开发

人力资源开发，也称人力资源发展（HRD），指企业通过对员工的培训和管理，并使其参与实践从而提升其知识、技能和进行人格塑造的过程。一般说来，有效的人力资源开发应贯穿于企业人力资源管理的始终。

人力资源开发有五种途径：一是家庭开发，即家庭通过对子女的教育，耳濡目染、言传身教地进行；二是学校开发，即通过学校的系统教育对人力资源进行开发；三是组织开发，即由企业或事业等单位对人力资源进行针对性开发；四是社会开发，即由政府部门或其他社会团体对人力资源进行公益性的开发；五是自我开发，即自身通过终身学习等进行开发。本节主要讨论的是企业人力资源开发，而企业人力资源开发的主要途径是对员工进行在岗或脱岗的培训，当然还有员工职业生涯发展规划这样的开发方式，由于篇幅有限，本章仅讨论人力资源的开发——培训开发。

一般说来，设计或建立一个有效的培训开发项目，应当由下述三阶段构成。

（一）评估阶段

一项由美国培训与开发协会（ASTD）所做的研究表明，因为成本、专业技能和时间的限制，企业在培训前进行需求评估的比例还不到50%。然而，如果在培训之前不进行必要的需求评估，则好比“瞎子摸象”，可能会使得培训缺乏针对性。因此，有专家建议企业最起码要进行简易的评估，甚至在同员工及主管之间的谈话和客户的投诉中也可以获得培训的需求信息。

1. 企业（组织）分析

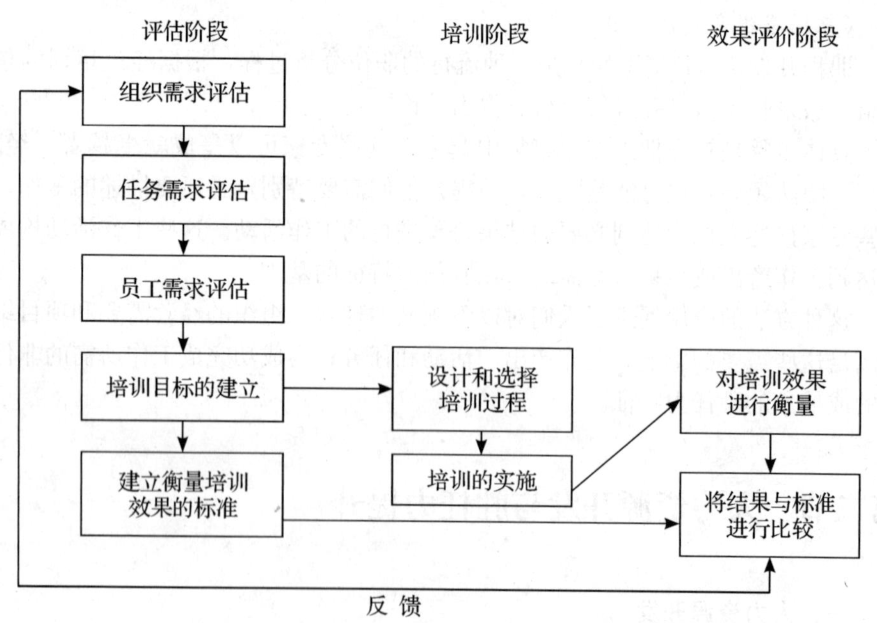

图3—1 培训过程模型

资料来源：[美] 威廉·P·安东尼：《人力资源管理：战略方法》（第四版），321页，北京，中信出版社，2004。

企业需求分析涉及四个方面：企业的发展目标分析，包括短期目标、中期目标和长期目标，这决定了企业总体的培训需求；企业的人力资源需求分析，即企业为实现其发展目标，在今后几年中所需要的人力资源数量和质量；企业的效率分析，这方面的指标有劳动成本、产量、产品质量、设备使用、维修费用等，企业应通过培训来提高效率；企业的风尚分析，所谓企业风尚，即由工作人员对所属企业的价值评价所决定的企业文化氛围，它影响着企业员工的工作态度和工作行为，企业风尚可通过企业员工的流失率、出勤率、抱怨以及工作态度等进行分析。上述四个方面的培训需求分析，可为培训的总体设计提供宏观依据。

2. 任务需求分析

任务需求分析从职位面向或角度确定培训需求。具体分析两方面的内容：职位职责，包括各项工作任务及其难易程度等；职位的任职资格，即履行该职责须具备何种素质条件，如须掌握的知识、技艺、能力等。这方面的分析应以企业人力资源管理中的职位分析为基础。如果企业已经制定有现成的职位分析文件，可直接作为培训需求分析的依据；如果尚未制定，则须通过其他方法来收集有关职位的信息。通过任务需求分析，可确立判断现职位员工和新录用员工是否需要接受培训以及应接受何种培训的客观标准。

3. 员工需求分析

员工需求分析是从员工面向来考察培训需求。如用公式来表示就是：目前或日后的职位所须达到的绩效－员工目前的实际工作绩效＝员工的培训需求。也就是说，职位规定的工作绩效要求是衡量员工培训需求的标准，员工目前的实际工作绩效水平是决定是否需要接受培训的个体依据。规定的绩效要求与员工现有的实际绩效水平之间存在的差距，就意味着需要对员工进行培训。具体操作时，在评定员工绩效后，须进一步分析导致绩效差距的原因，尤其应分析员工的知识、技艺、能力等素质，了解哪一方面的素质不符合职位资格要求，素质差距有多大，以决定其需要接受何种培训以及何种程度的培训，如表 3—2 所示。

表 3—2　培训需求确认表

项目	要求具备的	现在已有的	应被开发的
知识			
技能			
能力			
态度			
行为方式			

4. 培训目标的建立

了解员工培训需求的目的是确定培训目标。培训目标由三个层次构成：企业的培训总体目标，旨在提高企业人员的整体素质与效益，促进企业战略目标的实现；某一部门或某类员工培训的群体目标，如企业销售部门的培训目标、管理人员的培训目标、工人的培训目标等；针对个别员工培训的个体目标，旨在提高其个人素质、改进其工作行为、提高其工作绩效等。这三个层次之间的关系是，群体目标和个体目标的价值取向应从属于总体目标，而总体目标则应分解并体现于群体及个体目标之中。尽管总体目标具有主导意义，但目标设计工作的重心应为群体目标和个体目标。

群体和个体培训目标的内涵通常是对员工素质或工作绩效的期望性规定。也就是说，培训的直接目的就是为了提高员工的素质，以适应和胜任职位工作。培训目标首先须对受训者通过培训应提高哪方面的素质以及达到何种水平做出规定。培训目标也可对期望提高的工作绩效做出规定。工作绩效即实际工作行为成果。通常说来，生产线员工或其他操作性员工，其培训目标可以工作绩效来规定，管理人员的培训目标则多以素质因素来规定。

确定培训目标时须注意：目标内涵应与职位工作相关，即依据职位的性质、特点及要求来规定培训目标；目标水准应合理，不宜太高或过低，应既具促进作用又具可行性；目标内涵的文字表述应尽可能准确、具体，具可操作性，易于培训效果的评价；培训目标应尽可能获得受训者的认同，使其对受训者产生积极的激励作用。

5. 建立衡量培训效果的标准

培训是有成本的，因此所有的管理者都对培训的效果很关注，从而要对培训建立一整套衡量的标准。一般说来培训的标准分为五个层次：受训者对培训的感觉好吗（受训者的反应）？受训者能回忆和理解他们所学的概念吗（学习）？受训者将这些概念应用于他们的行为了吗（行为改变）？这些改变的行为影响了公司的成果吗（结果）？受训者给公司和他们工作留下了更多积极的氛围吗（态度）？

表3—3提供了一种衡量培训效果的标准，可以用作日常培训评估的参数，但是由于这张表格相当繁杂，因此，在使用时可以根据需要有所选择。

表3—3　　培训评价标准和衡量方法

我们想知道的	可被衡量的	衡量的尺度	所要考虑的（数据的来源）	可选择的数据收集方法
I. 受训者是否满意？如果不，为什么？ a. 概念不恰当 b. 培训场所设计 c. 受训者不恰当的定位	培训期间受训者的反应	适当 威胁 学习的轻松程度	受训者的评论 对教员的评论 对练习的问题	观察 采访 问卷
	培训之后受训者的反应	感觉到“价值”适当；或者学习动力	“对项目的行为方式”关于项目概念的问题	观察 采访 问卷

续前表

我们想知道的	可被衡量的	衡量的尺度	所要考虑的（数据的来源）	可选择的数据收集方法
Ⅱ. 教学素材是否教会了概念？如果没有，为什么？ a. 培训场所的结构 b. 课程： —表达 —案例 —练习	培训期间受训者的绩效	理解 应用	学习时间 做练习的成绩 表达	观察 文献检索
	培训结束时受训者的绩效	理解 应用 设施 内容的衔接	对未来的行动计划做练习时使用的工具 表达	观察 文献检索 采访 问卷
Ⅲ. 所学习的概念是否被应用？如果没有，为什么？ a. 概念： —不相关 —太复杂 —太矫饰 b. 工具不适合 c. 环境不支持	绩效改进方案	分析 行动计划 结果	讨论 文件 结果	观察 采访 文献检索 问卷(关键事件)
	解决问题的技能	提出的问题 计划的行为 采取的行动	讨论 文件 结果	观察 采访 文献检索 问卷(关键事件)
	正在进行中的管理方法	宣传的努力 语言 人员管理程序	讨论 会议 文件	观察 采访 文献检索 问卷(关键事件)
Ⅳ. 概念的应用对组织有积极的影响吗？如果没有，为什么？	问题的解决	问题识别 分析 行为 结果	讨论 文件 结果	采访 文献检索 问卷(关键事件)
	问题的预见和防范	潜在问题的识别 分析 行为	讨论 文件 结果	采访 文献检索 问卷(关键事件)
	衡量绩效 明确特定的培训场所	产出衡量 时间间隔或诊断衡量	绩效资料	文献检索

资料来源：K. Brethower and G. Rummler，*Evaluating Training*，Training and Development Journal，May 1979，pp. 14-22.

（二）培训阶段

培训阶段主要包括设计和选择培训过程以及培训的实施两个阶段。

1. 设计和选择培训过程

设计和选择培训过程是整个企业人力资源开发过程中的关键，一旦培训项目选择失败将直接影响培训的效果。可供选择的培训过程如表 3—4 所示。

表 3—4　　培训过程的设计和选择

<table>
<tr><td colspan="2" rowspan="2"></td><td colspan="3">技能的需求</td></tr>
<tr><td>基本技术</td><td>人际交往技巧</td><td>概念形成等综合技巧</td></tr>
<tr><td rowspan="3">所需技能水平</td><td>基础知识</td><td>工作轮换
多样管理
学徒式培训
工作指导培训</td><td>角色扮演
敏感度培训
礼仪课程</td><td>工作轮换
多样管理
情景模拟
案例讨论</td></tr>
<tr><td>技能开发</td><td>工作轮换
多样管理
情景模拟
督导协助培训</td><td>角色扮演
敏感度培训
工作轮换
多样管理
情景模拟</td><td>工作轮换
多样管理
情景模拟
案例讨论</td></tr>
<tr><td>操作效率</td><td>工作轮换
多样管理
学徒式培训
工作指导培训
情景模拟
实习与协助培训
督导协助培训</td><td>角色扮演
工作轮换
多样管理
学徒式培训
工作指导培训
情景模拟</td><td>工作轮换
多样管理
情景模拟
案例讨论</td></tr>
</table>

资料来源：［加］西蒙·多伦：《人力资源管理：加拿大发展的动力源》，268 页，北京，中国劳动社会保障出版社，2000。

2. 培训的实施

培训的实施主要可以使用以下方法：

（1）案例教学法。案例教学法是针对某个特定的问题，向受训者展示真实背景，提供大量背景材料，由受训者依据背景材料来分析问题、提出解决问题的方法，从而培养受训者分析和解决实际问题的能力。此方法是针对某一具有典型性的事例进行分析和解答，始终有个主题，即“你将怎么做?”受训者的答案必须是切实可行的和最好的。

在对特定案例的分析、辩论中，受训人员集思广益，共享集体的经验与意见，有助于他们将受训的收益在未来实际业务工作中思考与应用，建立一个有系统的思考模式。同时，受训人员在研讨中还可以学到有关管理方面的新知识与新原则。

培训员事先对案例的准备要充分，经过对受训群体情况的深入了解，确定培训目标，针对目标收集具有客观性与实用性的资料加以选用，根据预定的主题编写案例或选用现成的案例。在正式培训中，先安排受训人员有足够的时间去研读案例，引导他们产生身临其境、感同身受的感觉，使他们如同当事人一样去思考和解决问题。

这种方法的适用对象是中层以上管理人员，目的是训练他们具有良好的决策能力，帮助他们学习如何在紧急状况下处理各类事件。

（2）暗示教学法。又称启发教学法，是保加利亚暗示学专家格奥尔基·洛扎诺夫在20世纪60年代中期创造的，被称为是一种“开发人类智能，加速学习进程”的教学方法。

暗示教学法的原理是整体性原理。它认为，参与学习过程的不仅有大脑，还有身体；不仅有大脑左半球，还有大脑右半球；不仅有有意识活动，还有无意识活动；不仅有理智活动，还有情感活动。而人们在通常情况下的学习，总是把自己分成几部分：身体、大脑两半球、有意识和无意识、情感和理智等，它们总是不能协调，甚至相互冲突，因而大大削弱了人的学习能力。暗示教学法就是把这几部分有机地整合起来，发挥整体的功能，而整体的功能大于部分的组合。

（3）研讨会法。指由指导教师有效地组织研习人员以团体方式对工作中的课题或问题进行讨论，并得出共同的结论，由此让研习人员在讨论过程中互相交流、启发，以提高研习人员知识和能力的一种教育方法。

研讨会法作为一种企业培训员工的教育方法，以其显著的培训效果，在实际应用中占有非常重要的地位，它与授课法并称职业培训中的两大培训法。“集思广益”是讨论法的基础，只有收集众人之智慧，并相互激发，才可达到1＋1＞2的创造性效果。关键是要畅所欲言，通过大家自由思考，能出现各种各样的想法，有些甚至是极端的，然后把这些想法协调起来解决某一问题。

研讨会法培训适用于企业内所有成员，其培训目标就是要提高能力，培养意识，交流信息，产生新知。培训方式主要有课题讨论法、对立式讨论法、民主讨论法、讲演讨论法、长期准备的讨论法。

（4）角色扮演法。采用这种方法时，受训者身处模拟的日常工作环境之中，按照其实际工作中应有的权责来担当与其实际工作类似的角色，模拟性地处理工作事务。通过这种方法，受训者能较快熟悉自己的工作环境，了解自己的工作业务，掌握必需的工作技能，尽快适应实际工作的要求。

角色扮演法的关键问题是排除受训者的心理障碍，让受训者意识到角色扮演的重要意义，减轻其心理压力。此法相当于一种非正式的表演，不用彩排，受训者自发地参与各种与人们有关问题的处理，扮演各种角色，体验其他人的感情，通过别人的眼睛去看问题，或者体验别人在特定的环境里会有什么样的反应和行为。

角色扮演法培训适用于新员工、职位轮换和职位晋升的员工，主要目的是为了尽快适应新职位和新环境。

（5）操作示范法。操作示范法是部门专业技能训练的通用方法，一般由部门经理或管理员主持，由技术能手担任培训员，现场向受训人员简单地讲授操作理论与技术规范，然后进行标准化的操作示范表演。利用演示方法把所要学的技术、程序、技巧、事实、概念或规则等呈现给受训者。受训者则反复模仿学习，经过一段时间的训练，使操作逐渐熟练直至符合规范的程序与要求，达到运用自如的程度。培训员在现场作指导，随时纠正操作中的错误表现。这种方法有时显得单调而枯燥，因此，培训员可结合其他培训方法与之交替进行，以增强培训效果。操作示范法是职前实务训练中被广泛采用的一种方法，适用于较机械性的工种。

（6）成就动机训练法。成就动机是一种较高级的社会动机，是指个体积级主动地从事某种自认为重要或有价值的工作。成就动机训练可分为以下六个阶段：

1）意识化。通过与员工谈话、讨论，使员工注意到与成就动机有关的行为。

2）体验化。让员工进行游戏或其他活动，并从中体验到成功与失败的感受、选择目标与成败的关系、成败与情感上的联系，特别是体验为了取得成功所必须掌握的行为策略。

3）概念化。使员工在体验的基础上理解与成就动机有关的概念，如“成功”、“失败”和“目标”等等。

4）练习。主要为前两个阶段的重复。多次重复能使员工不断加深体验和理解。

5）迁移。使员工把学到的行为策略应用到学习场合，不过这往往只是一些特殊的学习场合，这一场合要具备自选目标、自己评价、能体验成败的条件。

6）内化。取得成就的要求成为员工自身的需要，员工可以自如地运用所学到的行为策略。

很多研究证明，对成就动机进行训练是很有效果的。其直接效果表现为受过训练的员工对取得成就更为关心，并能够根据自己的实际情况去选择所追求的目标。其间接效果是能够提高员工技术能力并产生探索问题的强烈欲望。这些效果在原来成就动机水平低的员工身上表现得更为明显。

（7）模拟训练法。模拟训练法侧重于对操作技能和反应敏捷的培训，它把受训者置于模拟的现实工作环境中，让受训者反复操作装置，解决实际工作中可能出现的各种问题，为进入实际工作职位打下基础。

（8）头脑风暴法。又称智力激励法、BS法，是由美国创造学家A. F. 奥斯本于1939年首次提出、1953年正式发表的一种激发创造性思维的方法。此法经各国创造学研究者的实践和发展，至今已经形成了一个发明技法群，如奥斯本智力激励法、默写式智力激励法、卡片式智力激励法等。

头脑风暴法是一种通过会议的形式，让所有受训者在自由愉快、畅所欲言的气氛中，自由交换想法或点子，并以此激励受训者的创意及灵感，以产生更多创意的方法。此方法重在集体参与，许多人一起努力，协作完成某项任务或解决某一问题。集体参与可增加受训者的团队协作精神，增强个人的自我表现能力以及口头表达能力，使受训者在集体活动中变得更为积极活跃，在集体参与的过程中会有很多新的思想产生。

一般员工、管理者、监督人员、领导干部都可参与培训，并可根据需要，从各阶层人员中各抽几名。培训目标就是培训参加人员的创造能力，激发他们的创造性思维，以得到创造性的构想。

（9）敏感性培训法。最主要的敏感性培训就是文化敏感性培训。提高员工文化敏感性的培训，一方面能使员工对自己的文化属性和环境做到自觉和自知，另一方面，这种培训还能提高管理人员对异国文化在知识和情感上的反应能力。无疑，获得文化敏感性最有效的方法来自于一个人在国外环境中的生活或工作经历。

文化敏感性培训有两个主要内容：一是系统培训有关母国文化背景、文化本质和有别于其他文化的主要特点；二是培训外派管理人员对东道国文化特征的理性和感性分析能力，掌握东道国文化的精髓。

目前，许多大型跨国公司采用课堂教育、环境模拟、文化研讨会、外语培训等多种方式进行系统的文化敏感性培训。外派人员仅仅具有系统的文化敏感性和适应能力，并不能保证他们能在东道国有效应付不同文化的各种冲击。因此，外派管理人员还必须学会以新生和接受的态度对待异国文化。切忌用本国文化标准随便批评异国文化，更不能把本国的文化标准强加于东道国公民，即应努力做到克服自我参照习惯的干扰。

对于这种外派人员的培训通常在两个阶段上展开，上述所言及的是派出前的准备培训，第二阶段是现场指导，即外派管理人员在海外上任后，企业总部及当地的辅导者要对他们给予支持，前任者通常要给接任者进行几个月的指导。

此外，需引起注意的是，为了留住人才，让有能力的人安心工作，一些企业还对海外离任回国人员进行回国培训，以帮助他们减轻反向文化冲击，重新适应母国的企业文化，寻求进一步的发展。

（10）管理游戏法。这是当前一种较先进的高级训练法。与案例教学法相比较，管理游戏法具有更生动、更具体的特点。案例教学法的结果是使受训人员在人为设计的理想化条件下，较轻松地完成决策。而管理游戏法则因游戏的设计使学员在决策过程中面临更多切合实际的管理矛盾，决策成功或失败的可能性同时存在，需要受训人员积极地参与训练，运用有关的管理理论与原则、决策力与判断力对游戏中所设置的种种遭遇进行分析研究，采取必要的有效办法解决问题，以争取游戏的胜利。但是管理游戏法培训对事先准备即游戏设计、胜负评判等都有相当的难度要求。

管理游戏法培训的对象是企业中较高层次的管理人员。

(11) 参与式培训法。这类方法的主要特征是：每个培训对象积极、主动地参与培训活动，从亲身参与中获得知识、技能和正确的行为方式。其主要措施有：

1) 会议。很少有人把参加会议视为一种培训方式。实际上，参加会议能使人们相互交流信息，启发思维，了解到某一领域的最新情况，开阔视野。

2) 小组培训。小组培训的目的是树立受训者的集体观念和协作意识，教会他们自觉地与他人沟通和协作，同心协力，保证公司目标的实现。因此，小组培训的效果在短期内不明显，要在一段时期之后才能显现出来。

3) 参观访问。有计划、有组织地安排员工到有关单位参观访问，也是一种培训方式。员工有针对性地参观访问，可以从其他单位得到启发，巩固自己的知识和技能。

(三) 效果评估阶段

效果评估阶段主要为：对培训效果进行衡量；将结果与标准进行比较。

1. 对培训效果进行衡量

(1) 受训者反应。参与者对培训项目的反应是对项目进行评估的第一个层次。需要收集的有关受训者反应的信息包括他们对培训项目的总体评价，对培训项目所使用的设施、培训人员和培训内容的评价。这些信息主要通过在培训项目结束时发给参与者的问卷进行收集。

(2) 学习效果。第二个层次是衡量学习的效果。目标非常明确，就是要看受训者是否掌握了在培训项目中所学的事实、方法、技术和流程。有很多测试方法，例如，绩效测试或者书面测试等，可以用来确定培训者所获得的能力水平。另外一个方法就是让受训者在一个仿真的练习中，或者在一个角色扮演中用实例来展示他们的知识水平。无论使用哪种方法，测试一般都在培训项目一结束后就举行。

(3) 行为。对一个培训项目所引起的行为表现的评估，主要看参与者是否在工作中表现出行为的改观。主要通过受训者的主管和同事来收集、评价受训者工作表现的资料，他们与这些受训者接触非常近，因此可以对受训者的工作绩效做出评价。受训者在培训中学到的那些行为使用得越多，培训项目就越可能成功转化为工作中的实际效果。

(4) 成果。评估的最后一个层次是成果评价阶段。这个阶段研究培训计划对组织造成了什么影响。在这个层次上收集的对培训项目进行评估的资料可能要包括成本的节省，计划和实际的利润，销售量的增长，事故数量的下降，员工工作态度的改善，员工流动率和缺勤率的下降，或者产量的上升等。在这个层次上的评价应该直接与开始时的培训项目需求评估阶段联系起来。如果这些成果和期望是相匹配的，培训项目就可以被认为是成功的。如果它们并不相配——更准确地说，如果没有达到希望的目标——就需要对培训项目进行调整。这些调整会渗透进培训项目的需求评估阶段，一个培训过程又会重新开始。

2. 将结果与标准进行比较

可以根据下面的程序来对培训项目的效果进行纵向的比较衡量：随机地将组织中一些拥有相似职业或工作水平的员工分成两组：一组员工接受培训，另外一组不接受；进行一次预备考试来衡量两个组的绩效/知识，以确定他们现有的绩效/知识水平；对一个组进行培训；精确地对培训成本进行衡量，包括聘用指导者，购买培训工具，以及员工从工作中离开的时间等；在培训完成后每过一个固定的时间段对两个组的绩效/知识进行跟踪考察；将从培训中获得的收益，例如，更高的绩效和更加完善的工作知识等，与培训的成本进行比较；将受过培训这一组在跟踪考试中所表现出的绩效和工作知识与没有受过训练的组或者控制组进行比较。

二、基于胜任力的人力资源开发

(一) 开发的意义

基于胜任力的员工开发方法，通过强调发展员工的胜任力特征及国际竞争力，可以在组织和员工之间建立一种战略联系，进而让组织和员工都能受益。对于“这对我有什么好处”这种问题，员工和组织领导者都必须得到满意的答案。基于胜任力的方法把工作重心从针对职务进行培训转移到能够适用于多种场合的胜任力特征的培养上来。

为确保将员工开发建立在胜任力的基础上，管理者需要认可员工开发计划，其中需要澄清两件事情：员工胜任力特征的培养必须同组织经营目标的实现联系起来；计划必须体现并满足员工职业生涯需要。详细的基于胜任力的员工开发过程可以向员工提供各种工具，通过开发和理解员工的兴趣、价值观、倾向、个性特质、目前胜任的领域以及履行未来工作角色和责任所需的胜任力特征等，让他们对自己的职业生涯以及工作发展全面负责。

采用基于胜任力的员工开发计划也面临一些重大挑战。基于胜任力的方法需要在前期下大力气进行胜任力的识别和建模。在有关概念、实践和结论方面，基于胜任力的员工开发过程与基于胜任力的人力资源规划系统具有密切的联系。如果没有这样一套系统，员工开发可能一事无成。

在审查自己的胜任力和职业生涯评估结果，并实际地权衡了自己在企业内的未来发展机会之后，一些员工可能会选择离开。不过，在参加了员工开发方案之后，那些打算离开的员工会更加倾向于选择以友好的方式离开。如果沟通不当，基于胜任力的员工开发可能会让经理和员工都产生误解。例如，经理可能会把员工开发计划看作为下岗职工提供的职业介绍服务，而员工则把参加员工开发方案看作是将来被提升或者被重用的前兆。

(二) 开发的步骤

基于胜任力的人力资源开发的步骤具体如下所述。

1. 提出员工开发方案的基本理念与框架

在一开始，组织就必须决定实施员工开发工作的基本理念。方案的框架将建立在这一基础之上。例如，组织可以采用某种职业生涯原则，然后将开发定义为全面的、连续的过程。与此理念相适应的方案框架，将有利于帮助员工创建一种能够体现他们工作偏好、休闲、学习、家庭以及他们在生活各个方面的要求的开发计划。

在多数组织中，员工开发方案必须能够有效地服务于不同时代的形形色色的个体。那些创建员工开发方案的组织必须在指定服务项目以及服务方式的计划时，照顾到不同时代员工的特点。

所有的管理者都必须清楚地理解那些用于描述基于胜任力的员工开发方案及其目标的各种词汇的意思。在区别员工开发与其他人力资源工具时，在阐述其他工作单位的需要时，在管理员工对于员工开发方案的期望时，词汇都是非常重要的。所有基于胜任力的人力资源管理实践都是相互联系的，这不仅体现在人力资源的功能上，而且体现在组织的各个部门上。

2. 确保前期需求评估所需的资源

像其他所有对组织有重要影响的工作一样，基于胜任力的员工开发工具应当经历一个前期的需求评估阶段。高层领导将会索取大量的、有关员工胜任力特征和职业生涯问题以及组织胜任力需要等方面的数据资料。没有这些信息，就很难获得他们对这样一些活动的支持。

3. 确定组织目前直至将来的胜任力需求，并评估员工的胜任力特征

在这一阶段，组织的胜任力需要以及对员工的胜任力要求是相同的。需要界定的要素很简单：这是必须做的工作，这个人（或者这类人）能够做这项工作，他们必须具备这些胜任力特征，并且能够以恰当的方式运用这些胜任力特征以确保顺利地或者出色地完成工作目标。如果组织内有现成的基于胜任力的员工开发

计划，那么计划系统中就有现成的这一步所需的信息。如果没有人力资源规划系统，人力资源从业人员就必须确认胜任力集合，这个集合将成为构建员工开发方案的基础。

确定组织目前直至将来的胜任力特征，相当于一件工作还没干的时候，就来界定和评估这项工作的产出结果、胜任力及行为指标，这无疑是一项挑战。当目前的绩效管理的重点需要修正以进一步提高产出质量时，完成工作所需的胜任力特征和行为指标也就需要相应地进行修正，这无疑是一桩令人沮丧的事。这些不确定性会影响预测的准确性。如果员工开发方案以错误的胜任力特征为目标，将会在资源投入以及信任方面造成严重失误。因此，这一步需要认真执行。

确认胜任力特征的最直接方法是确定组织的战略目标或者经营目标，据此，再确定员工达标的或卓越的绩效应达到的结果。所需完成的工作应以清晰的术语加以陈述，以有意义的方式加以分类，最后细化为各种胜任力特征及行为指标。

通过工作要素的分析来确定胜任力可以得到三种类型的胜任力特征。第一种包括那些针对某些特定工作性质的功能型或技术型的胜任力特征。第二种包括日常生活和工作所需的基本技能如阅读、算术等。第三种包括员工在工作中用到的一些更加抽象的胜任力特征，例如耐心、容错能力。现在有一些方法可以用于识别胜任力特征，而且随着实践工作的不断向前发展，新的方法也在不断产生。每个组织必须根据自己的特殊情况，选择一种既能够产生全面、准确的结果又简便易行的方法。

如果不能使用严格的胜任力识别和建模方法，人力资源从业人员可能会考虑采用一种高质量预测评方法来确定特定工作及目标人群的胜任力特征。在这样做时，我们推荐大家采用曾经介绍过的胜任力识别方法，即修正的 DACUM 方法。这种方法可以生成评估所需的足够精确的胜任力集合。修正的 DACUM 方法所识别出来的必要的胜任力特征往往偏多，而不是偏少。

4. 完成胜任力的预评估，预测针对目标员工的胜任力需要

那些既在特定工作领域有所专长，又对特定员工的绩效非常了解的主管或者经理，是进行预测评工作的最好的信息来源。评估者应当仅仅评价那些他们已经掌握了第一手信息的员工。如果一个评估者的直接主管对于某个特定员工的绩效有充分的了解，那么由这位主管来对员工进行评价也会很有效。简而言之，通过胜任力的预评估所获得的数据资料必须尽可能地高度可靠和有效。

5. 确定员工的胜任力开发需要及其职业生涯需要和偏好

在第三步提到的三种类型的胜任力特征——功能型或技术型，日常生活或基本技能型，抽象型——可以影响组织能够实现达标或卓越绩效的能力。人力资源从业人员通过运用这三种类别区分并确认胜任力发展需求，并且将这种需要与开

发机会匹配起来。前两种类型的胜任力特征毫无例外是可以通过培训来获得的，但是第三种，即抽象型胜任力特征则可能无法通过培训或者其他的开发经历来获得。抽象型胜任力特征要求某些特别的创造性战略来识别或者创造开发机会。每个组织必须设计一种方法以适应这种特殊情形。最好是在初始阶段的各种活动展开的同时，就保持灵活并从谏如流。按照需要将这三种胜任力特征逐一列出有助于初始阶段的方案经理对所需的资源做出决策。

接下来，我们考虑一下职业生涯需要与偏好。员工开发的职业生涯维度包括大量的知识、技能、实践、技术，涉及职业咨询、人力资源开发、心理治疗、组织发展、培训、知识管理、工业心理学等方面的内容。虽然在初始阶段的方案正式开展之前，人力资源从业人员不会对职业生涯评估轮廓图十分精通，但在员工开发问题上持一种生活与职业联系起来的观点，将会有助于筹划基于胜任力的员工开发过程，这种方案能够将职业生涯实践作为一项关键的因素包括进来。这一步仅仅要求一种可用于试点研究的、参与者职业生涯需要的预评估。

最后一种需要是看待员工开发方案的一个关键点。当员工致力于开发活动时，员工需要明白，他们的满意感并非全部来自于他们是劳动者这种角色。对于典型组织来说，职业生涯这个概念是一个重大的观念变革。它不仅使我们将注意力由职业层面转向生活层面，而且它还强调，成功并不局限于员工为雇用而工作这方面的进步。

6. 起草员工开发方案的目标，确定提供开发服务的各种可能的方法

组织不同，基于胜任力的员工开发过程的目标就有所不同。但是，活动的推动者也许愿意将下列某一个或某些目标作为他们自己的目标：告诉员工，组织支持他们继续学习，组织理解并支持他们追求自己的职业生涯偏好；确保工作安排与员工的胜任力特长以及他们对职业生涯偏好的追求相匹配；把基于胜任力的员工开发过程作为一项吸引成就卓越者的激励手段；鼓励那些绩效达标者或者成就卓越者留下来；向绩效不足者提供一种自我反省的方式，鼓励他们为其日常工作及职业生涯偏好负责，如果实在无法胜任工作则进行淘汰。

7. 制定启动程序的方案

万事开头难，实施基于胜任力的员工开发也是如此，而且希望“毕其功于一役”也是不可能的。方案实施者必须保持一种实事求是的态度，边干边学。可以选择一些合理的目标作为方案实施的阶段性标志，当然在设定这些目标时要考虑到可用的资源，以及组织对于方案及其结果的态度。

在员工开发启动方案开始之前，需要检查一下下列项目：组织的战略目的或目标；需关注的胜任力需要；参与员工的胜任力评估数据；对参与员工的职业生涯偏好、这些偏好对完成工作的影响、员工工作的最优配置、员工胜任力开发需

要等问题的估计；对旨在弥补员工胜任力差距的开发活动的类型和数量的估计；总结参与员工的职业生涯偏好，及其对满足工作安排与胜任力开发需要的影响；完成启动活动的时间表；实现启动计划的过程中可能遇到的障碍，以及克服这些障碍的方法；启动计划的管理者负责对启动计划的设计、实施问题进行沟通；罗列标准化的项目规划矩阵，矩阵的每一行列明一个主要的项目任务，项目任务之下可以进一步列明一些对于完成工作至为重要的分项目任务，矩阵的列则列明每一项任务的具体细节，这些细节包括任务的产出或结果、计划完成时间、实际完成时间、任务所配备资源以及任务的投入。

8. 向高层管理者汇报，组建顾问团

利用前几步收集或开发的信息，启动计划的管理者就可以将计划汇报给高层领导。汇报主要为了确保以下目标得以实现：让高层领导将这种员工胜任力特征的需要理解为构建组织人才库的一个重要部分，必须提供详细的用于支持这一需要的数据资料，必须让领导知道，缺乏组织成功必需的胜任力特征将会产生什么后果；必须让高层领导明白，在开发员工胜任力特征与制定工作安排决策时，将员工职业生涯发展纳入员工开发的整体观所具有的重要性；高层领导愿意对启动阶段投入所需的资源；高层领导应当选择一个员工开发顾问团，并为顾问团成员制定一系列相应的职责要求，顾问团将承担有关项目的审查、评价和汇报工作，并向启动程序的管理者就实施问题提出建议。

9. 向顾问团成员汇报

顾问团成员应当接到同高层管理者一样的汇报。尤为重要的是，他们理解在执行这些方案的过程中他们应负的特定责任以及时间表。顾问团成员可以提供一个非常宽松的试验环境，对有关启动阶段的工具、程序、技巧等进行初步试验，并且如果需要可以适时修正。他们也可以通过职业生涯评估、听报告等方式，直接参与到由员工参与者在系统完成后实施的各种活动中来。顾问团成员在审查和解释方案评估信息和提供改进建议时要意见一致。启动阶段的方案管理者一旦有特别需要，他们就可以得到这些信息。

10. 实施并评价启动程序

基于胜任力的员工开发过程的实施方法不是唯一的。不同的组织环境要求不同的实施方法。

11. 向高层管理者汇报结果及经验教训

虽然高层经理对不同的管理措施有不同的信息要求，但是下列一些关键点都应当包括进来：审查启动方案的目标以及它们与组织战略目标、经营目标和胜任力需要之间的关系；强调职业生涯以及胜任力评估的目的、方式和结果，以及对员工与组织的价值；对目前已完成的工作进行总结；找出成功的经验和失败的教训；记录启动阶段的活动对员工胜任力获取方面的影响；提供有关参与员工及管理者成功的案例报告或证明；说明所取得的意料之外的结果或者好处；针对启动阶段没有实现的目标，确认并给出坦诚的有针对性的理由，然后，就这些问题同高层管理者展开讨论；建议将基于胜任力的员工开发程序制度化，把建立对组织和个人都有益的持续的、战略导向的程序所需的资源和管理支持都列出来。

12. 将员工开发程序制度化，并进行评估

如果高层领导愿意开发一个正式的基于胜任力的程序，在启动成功之后，通常是通过做横向（让更多的员工参与）或纵向（增加现有参与者的参与深度）拓展，或者同时在两个方向进行拓展，从而将程序制度化。在这一阶段，人力资源从业人员需要确定以下条件：关键领导就基于胜任力的员工开发程序的明确的理念和框架达成一致；在整个组织范围内对这一理念和框架进行沟通；为程序制度化提供充足的资源；正式的、持续的评估机制已经完成。

第三节　会展业人力资源开发的特殊性

由于会展行业在人力资源使用过程中的特殊性，其人力资源的开发也具有相应的特性。

一、注重人力资源的多重性角色开发

由于会展行业的性质、特点，其人力资源一般具有“一专多能”的要求，从而也导致了会展业人力资源的开发强调多重性。其具体表现是会展业中的人力资源开发集中在某一点或某一职位的较少，而针对比较宽泛技能的培训则较多。

二、注重在职培训

一般说来，除了极个别的会展机构之外，目前的会展机构规模都不算很大，因此，大量的会展企业不可能安排大量脱产的培训，而是特别注重员工的“边干边学”，即我们所谓的在职培训（on job training，OJT），这种在职培训主要是：辅导：从上级到同事的评价、建议；见习：在某个职位上模拟性操作或师带徒地工作；轮岗，即多种职位的了解、学习；平级调动，即在部门间水平地调动来增加能力的提升和彼此间的配合。

三、主要集中在特殊性的培训

会展业的人才目前在我国比较稀缺，这也造成了会展业人才的跳槽概率极

高，许多企业由于人才匮乏，也频频使用猎头公司挖墙脚的方法。正因为如此，不少会展企业不愿意对员工的一般技能进行培训，而只是注重“唯我独有”的专门技术的培训，希望通过这种专门技术的培训构成人才跳槽的“壁垒”。

四、会展行业整体培训投入不够

诸多因素严重影响了会展企业对员工培训的投入。一是会展业入门壁垒不算很高，目前企业规模大部分都比较小，因此，“一旦学会，自立门户”现象比较严重；二是人才流动性太大，这是由于人才短缺的缘故；三是工作时效性太强，机构之间人员租赁现象普遍，因此，企业对员工的培训投资兴趣不大。

目前的现状严重影响我国会展业的持续、有效发展，也不利于会展企业的做大、做强。加大对员工培训的投入，提升人力资本才是有长远眼光的会展企业的明智选择。

复习思考题

1. 什么是胜任力？什么是胜任力模型？
2. 构建胜任力模型的方法有哪些？
3. 什么是人力资源开发？人力资源开发有哪些途径？
4. 试述设计一个有效的培训项目的步骤。
5. 实施培训的方法有哪些？
6. 试述基于胜任力的人力资源开发的步骤。
7. 会展业人力资源开发的特殊性表现在哪些方面？

第4章 会展业人力资源的薪酬管理

导入案例　将70%的红利直接分给员工

慧聪是一家知名商情服务公司。

慧聪能在短短的10年时间里发展成为中国信息服务业的领导品牌，离不开各项健全的企业制度。特别是慧聪引以为豪的分红制度——“全员劳动股份制”。

这种制度类似于乡镇企业的股份合作制，却又不尽相同。它限制了所有持股股东的权益，公司章程规定，股东年底将不按照股份分红，并且股东全体分红不得超过公司分红数总额的30%，剩下70%的红利分给公司内不持股的普通正式员工。言下之意就是说不谈股份，就谈年终分红，不持股的员工年终分红总额要远远大于所有董事分红。

慧聪所有分公司的成立都是由北京总部全额投资建成，并调配人力、物力以尽快开展业务，当分公司孵化成熟开始产生利润之后，公司将对分公司的股份进行分配；分公司总经理拥有20%的股份，给分公司其他管理人员共20%的股份，剩余60%由北京总部控股。在年终分红上，慧聪各分公司也按照全员劳动股份制的分配方式来分红。

按照《中华人民共和国公司法》，这种做法损害了投资者的利益，使资本的权益没有得到保护。但是对慧聪来说，它所信奉的是知识经济，即按照知识来分配资本，而不是以拥有资本多少来分配。它让那些有知识的人在资本为主的经济条件下，变成企业的盈利主体。随着金融环境的不断改善，资本不再是企业发展中最短缺的物资，在很多领域中人才已经成为决定企业生死的关键要素。对慧聪而言，企业的发展少不了资本的力量，但决定企业兴衰的则是慧聪的人。

这种超前的思想意识，是慧聪分红制度有效推行的关键。

第一节 薪酬管理概述

一、薪酬的定义

从字面理解，薪酬在不同国家有着不同的含义。在美国，薪酬等同于辛勤付出或者工作所换来的工资和福利之和。在我国，“薪水”的意思是“打柴汲水之需”。人们说起薪酬时，总是相互询问“你们企业的待遇如何”，而不会单纯问及工资的情况。因此，作为薪酬组成部分之一的福利也是不容忽视的。与薪酬相关的另一个问题是“你们企业的效益怎么样”，这句话表明了员工的待遇和企业效益之间联系密切。

薪酬在两方面直接影响着企业的成功与否。第一，薪酬是一项主要的费用，国内外的竞争压力迫使管理者考虑其薪酬的支付能力，从而决定其对于人才的吸引力。研究表明：许多企业的劳动力成本占总成本的一半以上，在服务业和公共部门领域，这个比例还要高。即便在一个行业（如汽车制造业、财务咨询等）内部，作为总成本重要构成部分的劳动力成本在各个公司也是不同的。调整薪酬决策就是因为不同的薪酬决策是企业取得竞争优势的根本因素之一。第二，除了把薪酬当作费用，管理者还把它当作影响员工工作态度、工作方式以及组织业绩的因素。员工得到的薪酬影响他们的工作质量和对顾客需求关注的程度，也会影响他们自愿灵活处理事务、学习新技能，以及提出创新和改进性建议的积极性。薪酬决策能影响组织的生产能力和效益，这就是能使企业具有竞争优势的另一个原因。

二、薪酬的主要表现形式

图 4—1 列出了员工的各种薪酬形式。货币薪酬只是总薪酬中的一部分，其余的非货币收益、相关性收益（安全、个人地位、晋升机会、富于挑战性的工作等等）也很重要。

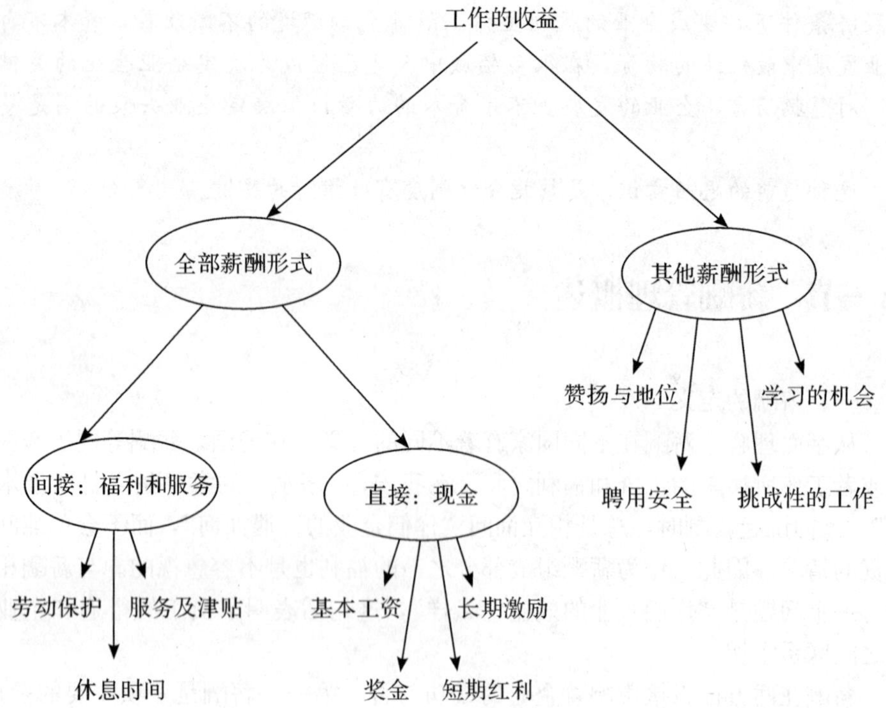

图 4—1　通过工作获得的收益

资料来源：[美] 乔治·T·米尔科维奇：《薪酬管理》(第六版)，6 页，北京，中国人民大学出版社，2002。

总薪酬包括直接以现金形式支付的薪酬（如基本工资、绩效工资、激励工资、生活水平调整增资），或者通过福利和服务（如养老金、医疗保险、带薪休假等）支付的薪酬。薪酬分配方案可以用许多不同的形式来设计，企业常常使用的形式不止一种。总薪酬主要包括五种形式：基本工资、绩效工资、激励工资、福利和服务、其他报酬。

（一）基本工资

基本工资是企业为某一职位上的员工已完成工作量而支付的基本现金薪酬。基本工资反映的是工作或技能价值，而往往忽视了员工之间的个体差异。举例来说，机械操作员每天的基本工资是 30 元，而不管他们之间的经验或者能力差异，基本上同职位密切相关。大部分情形下基本工资同员工所受教育、所拥有技能相关。对基本工资的定期调整，通常是由于整个生活水平发生变化或通货膨胀；或其他企业员工从事同类工作的市场薪酬有所改变；或是因为员工的经验进一步丰富，竞争能力提升；或者是因为业绩有所提高。

总之，基本工资相对固定，如果需要调整也是在一定的周期范围内进行调整，当然这是一份工作最重要的价值信号，也代表了一份工作在企业中的地位。

（二）绩效工资

绩效工资是对过去工作行为和已取得成就的认可，即根据以往表现和取得的成绩所支付的货币报酬部分。绩效工资往往随员工业绩的变化而调整，有突出业绩的员工，每年可获得 10%～30%的绩效工资，有的企业甚至更高；业绩平平的员工仅能获得 5%～10%的绩效工资；业绩更差的则直接被企业淘汰而不能获得绩效工资。调查资料表明，越来越多的会展企业实施绩效工资制度，并且在员工薪酬中，绩效工资所占比重在逐年上升。

（三）激励工资

激励工资也和业绩直接挂钩。有时，人们把激励工资看作可变性薪酬，它可以是长期的，也可以是短期的，长期的激励工资如股票、期权等，短期的激励工资可以是每完成一个项目的提成，例如会展企业员工每推销一个展位可以得到奖励 300 元等，这就是激励工资。激励工资可以与员工的个人业绩挂钩，也可以与员工的团队或整个公司的业绩挂钩，还可以与个人、团队、公司混合为一体的业绩挂钩。衡量业绩的标准有成本节约、产品数量、产品质量、税收、投资收益、利润增加等。

（四）福利和服务

福利包括带薪休假、服务（医疗咨询、个人理财计划、员工餐厅）和保障（社会保险、住房公积金），但货币薪酬涨到一定程度之后，增加薪酬单纯通过增加货币工资部分的效果和对于员工的激励作用越来越小，因此越来越多的企业把提升企业薪酬竞争力放在设计很多福利项目上，希望籍此来增加对于人才的吸引力，因此福利和服务越来越成为薪酬的一种重要形式。

（五）其他报酬

构成总薪酬的形式除了上述四种外，还有其他报酬形式。图 4—1 表明，其他的薪酬形式包括：赞扬与地位、工作保障、挑战性的工作和学习的机会。

三、薪酬管理的基本理论

对大多数员工来说，薪酬不仅直接决定了他们的生活水平，还决定了他们从工作中及工作之外获得的社会地位和认可。关于薪酬有很多重要的理论，但是很多理论有一定的参考价值，却也不能解释所有现象，这里我们介绍最重要的三种薪酬管理理论，作为我们研究薪酬的依据。

（一）薪酬公平理论

根据公平理论，薪酬是员工用贡献交换获得的回报，薪酬必须与所做的贡献相等，员工的薪酬还必须与他们所感受到的自己的贡献相等。简单来说，公平包括公正的概念。公平理论也被称为分配公正，是一种激励理论，用于解释当人们感到自己得到的少于（或多于）他们应得时的反应。该理论的核心是说明个人会对自己在某种情形下的付出（能力、技能、经验）与回报（薪酬和福利）形成一个比率，然后他们把那个比率的价值与其他组织内或外与自己从事类似工作的人的比率进行比较。如果他们的比率与其他人的比率相等，他们就会感觉到公平，如果不相等，就会产生不平等的感觉。图 4—2 显示了薪酬公平理论的主要含义。

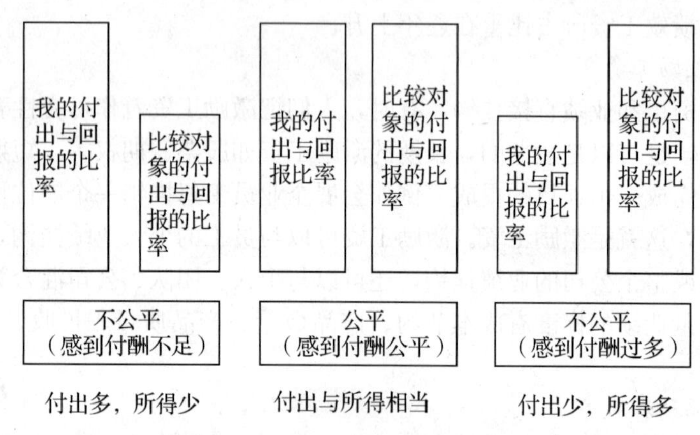

图 4—2　薪酬公平与激励之间的关系

资料来源：［美］乔治·伯兰德等：《人力资源管理》（第十三版），208 页，大连，东北财经大学出版社，2006。

当所得到的报酬与所从事的工作的价值相当时，员工就会感到薪酬公平。研究清楚地显示，员工所感知的薪酬公平或不公平会对他们的工作行为和生产率都有巨大的影响。因此，管理者必须开发出能同时实现内部公平和外部公平的薪酬管理系统。当员工相信他们所从事工作的工资率大体上与工作对组织的价值相当时，薪酬政策就是内部公平的。当企业支付的薪酬与其他企业中从事类似工作的员工所得到的薪酬相当时就会让员工感觉到外部的公平。

（二）期望理论

期望理论认为，激励水平取决于所追求回报的吸引力和获得那些回报的可能性。期望理论认为人是有思想的、理性的、拥有信仰和对未来生活充满期望的，这将导致有价值的回报，员工也将会在工作中做出更多的努力。为了激励这种努力，薪酬激励应当有吸引力。

图 4—3 显示了绩效工资和激励的期望理论之间的关系。

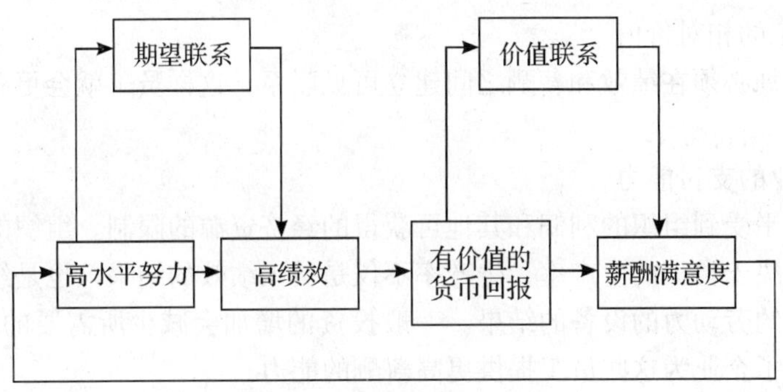

图 4—3 绩效工资和期望理论

资料来源：[美] 乔治·伯兰德等：《人力资源管理》（第十三版），209 页，大连，东北财经大学出版社，2006。

因此，员工对薪酬的看法是确定薪酬的激励价值的一个重要因素。此外，有效的薪酬信息沟通与引导员工信任管理的环境的共同作用会使员工对他们的报酬有更准确的认识。

（三）薪酬保密理论

薪酬保密的结果是员工不了解其他人的薪酬，因此，容易导致员工对薪酬公平性以及薪酬和绩效之间关系的错误认识。实践证明，薪酬保密将导致员工与管理层之间的不信任，对员工的激励作用减少，损害组织的有效性。但是，有的企业都依然采用薪酬保密制度。采用薪酬保密制度的原因是管理者不愿意承认自己在薪酬管理中有较多的自主权，员工不知道其他人的收入也就不会对自己的薪酬多少产生不满，薪酬保密还能掩盖组织内部薪酬结构中的不公平性。

四、影响薪酬的主要因素

（一）内部因素

1. 组织的薪酬决策

无论是大公司还是小公司都需要决策其薪酬以反映员工工作和技能水平同薪酬的内部关系、相对于竞争对手的薪酬竞争力、奖励员工绩效的政策、薪酬体系相关的管理决定（如加班津贴、付酬期间和短期或长期激励等）。

2. 工作的价值

在没有正式的薪酬计划的组织中，工作的价值通常是以员工对工作的熟悉程度的主观观点为基础而确定的。在这种情况下，工资率可能会受到劳动力市场的较大影响，部分也会受到集体谈判的影响。然而，拥有正式薪酬计划的组织则依赖于职位评价体系来确定工资率。

3. 员工的相对价值

薪酬计划必须在绩效和薪酬之间建立可见联系，这样员工就会更关注绩效而获得奖励。

4. 企业的支付能力

薪酬水平受到组织的利润和其他可获得的经济资源的限制。组织的支付能力相当部分取决于员工的生产率。生产率不仅是员工绩效的结果，也是组织投资用于购买能节约劳动力的设备的结果。一般投资的增加会减少所需要的员工数量，因此，提高了企业为这些员工提供更高薪酬的能力。

（二）外部因素

影响工资率的主要外部因素包括劳动力市场的情况、地区工资率、生活成本、集体谈判以及法律规定。

1. 劳动力市场的情况

劳动力市场的情况反映了该地区对合格劳动力的供应和需求情况。这些情况会影响招聘或保留有能力的员工所需要的工资率。但是，必须认识到有些因素会减少劳动力市场供求的整体影响。例如，政府的最低工资保障制度可能会防止企业支付过低的市场工资率。

2. 地区工资率

正式的薪酬结构应当与本地区其他组织为相应工作提供的工资率相适应。与地区工资率相关的数据可以通过当地的薪酬调查获得。

薪酬调查在比较被调查企业与其他在周边环境中争夺劳动力的竞争企业之间的外部薪酬公平方面起到重要作用。地区薪酬调查的数据可以防止工资率过高于或过低于本地区其他企业的水平。当工资率高于现有地区工资率水平时，企业付出的劳动力成本可能就过多了。相反，如果低于地区水平，可能就很难招聘和保留有能力的员工。在确定以福利的形式支付的间接薪酬时，也必须考虑薪酬调查数据。

3. 生活成本

由于通货膨胀，工资率不得不定期向上调整，以维持员工的购买力。企业在消费价格指数（CPI）的指导下进行工资率的调整。消费价格指数用于计量一段时间内产品和服务在固定“市场篮子”中的价格平均变化的工具。消费价格指数以食品、服装、房屋和燃料的价格，运输费，医疗服务的价格以及人们日常生活所需的商品和服务的价格为基础。

4. 集体谈判

在工会力量比较强大的国家和地区，工资水平一般比较高，因此，集体谈判也是影响薪酬水平的一个重要因素。

五、薪酬设计的程序

制定健全、合理的薪酬制度是人力资源管理中的一项重大决策，因此，需要有一套完整、正规的程序，如图 4—4 所示。

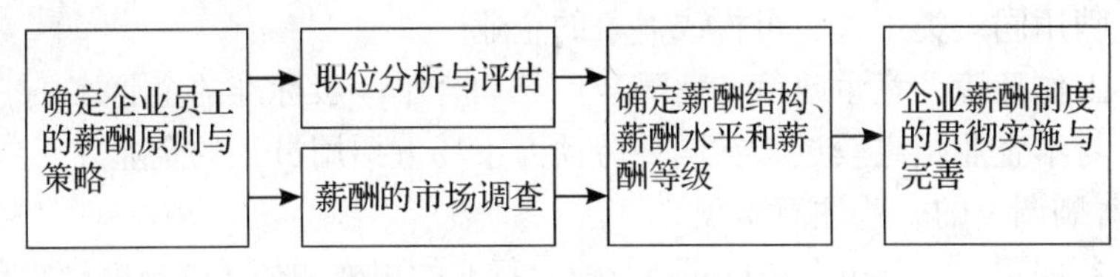

图 4—4 企业薪酬设计程序图

（一）制定薪酬策略

在选择一种薪酬制度时，企业必须考虑如何有效地将其融入企业的整体经营战略中，而制定薪酬策略是达到这一目标的重要途径。企业的薪酬策略要结合企业的发展战略与企业所处的发展阶段而定，主要的薪酬策略类型有以业绩为主导的薪酬策略、注重管理技巧的薪酬策略、注重成本控制的薪酬策略等。薪酬策略的制定，对薪酬水平、结构类型的选择都有一定的影响。

（二）职位评估

职位评估的目的在于通过对企业内部各个职位的价值的测定，建立职位间的相对价值关系，并以此为基础保证薪酬制度的内部公平性。总体而言，在制定薪酬制度时，企业职位评估的主要目标有：

第一，根据职位对企业经营目标的价值确定一个合理、系统和稳定的职位结构。

第二，建立一整套符合内部公平性原则的薪酬制度。

第三，为不同企业的相似职位之间比较薪酬水平提供依据，同时帮助人力资源部门在劳动力市场上招聘员工时做出正确决策。

第四，为管理者与工会组织在薪酬谈判时提供理论依据。

（三）薪酬市场调查

薪酬市场调查旨在考察某一行业或地区中某一职位在其他企业中的薪酬水平，即考察该职位的市场环境。实际上，在有些情况下，薪酬市场调查可能比企业内部的职位评价更为有效。比如，在各企业对信息技术人才需求很大时，该职位的薪酬水平就更多地取决于市场，而与平常的职位评价水平关系不是很大。

在进行市场调查时，首先要明确的是企业所面临的人才市场。人才市场组成的复杂性使得回答这一问题有一定的难度，因为大多数企业所面临的人才市场不是单一的市场，而是多个市场的结合体。但是，无论情况多么复杂，在制定薪酬制度时，调查者必须界定目标市场，同时根据市场的变化随时更新数据。

1. 薪酬调查的对象

(1) 同行业中同一类型的其他企业。

(2) 其他行业中有相似岗位的企业。

(3) 聘用同一类工人、可构成竞争的企业。

(4) 工作环境、竞争政策、薪酬与信誉均合乎一般标准的企业。

(5) 与本企业距离较近、在同一劳动力市场上招用员工的企业。

2. 薪酬调查的一些注意事项

(1) 参加调查的公司应来自同一行业，行业的规模和公司的规模也非常重要。

(2) 对于薪酬水平较低的职位，调查应限于本地区，因为通常这些职位的员工来自本地区。

(3) 薪酬水平较高的公司不如薪酬水平较低的公司重要。

(4) 薪酬调查要了解被调查公司的薪酬政策，而非简单比较薪酬水平。

3. 用作对比工作的要求

(1) 该工作必须能够代表其所属的工作职系。不同级别的工作都应包含在内。

(2) 该工作必须是大部分参加薪酬调查的企业都有的。

(3) 该工作必须是相对稳定的。

(4) 该工作必须有详细的描述和界定。

(四) 确立薪酬制度结构

薪酬制度结构的建立主要有三个方面的内容，即薪酬水平的确定、薪酬结构的确定和薪酬等级的确定。

1. 薪酬水平的确定

在结束企业内部的职位评价和对外部市场的薪酬调查之后，下一步工作就是要根据这两个步骤的结果确定薪酬水平。关于薪酬水平的确定，不同的企业有不同的方法，各企业要根据已经完成的职位评价和外部市场薪酬调查两部分内容，并结合影响薪酬水平的各因素，采取不同的确定方法。

2. 薪酬结构的确定

薪酬结构指导员工薪酬的各构成项目及各自所占的比例。一个合理的组合薪酬结构应既有固定薪酬部分，如基本工资、技能或能力工资、工龄工资等，又有浮动薪酬部分，如效益工资、业绩工资、奖金等。

同一企业内从事不同性质工作的员工薪酬构成项目可以有所不同。如对研发人员可以实行能力工资制，薪酬构成项目主要是能力工资；对销售人员可以实行绩效工资制，薪酬构成项目主要是提成工资；生产工人的工资构成中可能主要是计件工资。

同一企业内不同薪酬等级的员工薪酬构成项目也可以有所不同，如高级管理人员和企业骨干人员可能除了基本工资、奖金等工资项目以外，还有职位津贴、股票期权等项目，普通员工可能就没有这些薪酬项目。

企业薪酬结构的确定，即确定不同员工的薪酬构成项目。薪酬结构类型主要有以绩效为导向的薪酬结构（绩效薪酬制）、以工作为导向的薪酬结构（职位薪酬制）、以技能为导向的薪酬结构（技能薪酬制）、组合薪酬结构（组合薪酬制）等。

3. 薪酬等级的确定

无论什么薪酬结构，都要反映不同职位之间在薪酬结构中的差别，为此要确定若干职位等级作为薪酬等级的依据。职位等级要以职位评价的结果为依据，根据职位评价得到每个职位的最终点数，划分等级。为了在薪酬管理中操作简便，往往将职位评价结果接近的职位（在同一点数区间的职位）定为一个等级，从而划分出若干职位等级，薪酬等级往往与职位等级相对应。

（五）薪酬制度的实施与修正

薪酬制度一经建立，就应严格执行，发挥其保障、激励功能。在保持相对稳定的前提下，企业还应随着经营状况和市场薪酬水平的变化对薪酬制度做相应调整。在确定薪酬调整的比例时，要对总体薪酬水平做出准确预算。目前，大多数企业由财务部门做此预算，为准确起见，最好会同人力资源部门做此预算，因为财务部门并不清楚具体薪酬数据和人员的变动情况。人力资源部门要建好薪酬账目，并设计出一套比较合理的预算方法。在制定和实施薪酬制度的过程中应及时沟通，必要的宣传或者培训是保证薪酬制度顺利实施的成功因素之一。

从本质上讲，劳动报酬是对人工成本和员工需求之间进行权衡的结果。世界上不存在绝对公平的薪酬制度，只存在员工是否满意的薪酬制度。人力资源部门可以采用薪酬制度问答、员工座谈会、企业内部刊物等形式向员工介绍企业的薪酬制度，也可以对员工进行薪酬满意度调查，了解员工对薪酬工作的意见，以此为基础对薪酬制度做出相应的调整与修正。

六、职位评估的方法

职位评估是指在机构内部确定一个职位相对于其他职位价值的系统化过程。其基本目的是建立职位之间的关系，以承认其相似性、不同性和对机构的贡献。职位评估可确定职位等级，形成具有内部公平性的职位结构。因而，它是确定职位薪酬的客观基础。

职位评估的核心是内在的。换言之，它关心的内容并不是市场或其他机构如何对职位进行定价，而是在特定机构内确定职位的相对价值。

在职位评估的过程中，可能需要将某个职位与其他职位进行比照，或者将某个职位同预先确定的标准进行比照。尽管使用的方法各不相同，但是职位评估已经通过对职位价值的客观评价完全取代了主观判断。

职位评估有四种传统方法：排序法、分类法、评分制方案和要素比较法。排序法是四者当中最简单的方法，它将机构中所有的职位按其重要性的大小依次排列。分类法首先确定许多职位等级或类型，然后将各个职位划分到预先确定的类型中。评分制方案确定各个职位的重要因素，并给每一个职位一个分值，各个职位按照确定的因素和分值进行比较。要素比较法首先确定职位的要素，然后在同样的要素上对各个职位进行比较。

排序法和分类法通常称为非量化法，因为它们没有将工作价值之间的区别予以量化。评分制方案和要素比较法通常称为定量法，因为它们将一个职位同另一个职位进行定量区分。

（一）排序法

排序法是指将所有职位按其重要性的大小或价值的高低依次排列。评估人员在运用这种方法评估职位时，应全面地评价该职位的重要性或价值。首先每个评估人员作出各自的判断，然后在成员会议上将所有成员的评估结果进行平均，最后得出排列顺序。

由于排序法较常用，下面举例说明排序法的使用方法。假定一家银行有十个需要评估的职位，分别是档案管理员、接待员、新账户职员、收银员、会计员、复核员、信使、文秘、出纳员、经营主管。再假定已经选出进行职位评估的五人委员会。

操作步骤是各个委员会成员首先从这十个职位的描述着手，确定各自的排列顺序。表4—1说明每个评估人员如何评估这十个职位，又如何对排列顺序进行平均而得出最后结果。

表4—1　　职位排序

职位	委员会成员的评估					平均顺序	最后顺序
	A	B	C	D	E		
1. 档案管理员	9	9	10	10	10	9.6	10
2. 接待员	8	8	8	7	8	7.8	8
3. 新账户职员	7	6	6	6	5	6.0	6
4. 收银员	4	5	3	4	4	4.0	4
5. 会计员	5	4	5	5	6	5.0	5
6. 复核员	6	7	7	8	7	7.0	7
7. 信使	10	10	9	9	9	9.4	9
8. 文秘	2	3	2	2	2	2.2	2
9. 出纳员	3	2	4	3	3	3.0	3
10. 经营主管	1	1	1	1	1	1.0	1

评估人员如何确定排列顺序？通常，他们通过交替法决定职位的排列顺序。使用这种方法时，评估人员首先确定出最重要的职位，标为“1”，然后确定最不重要的职位，标上最低顺序号（在我们的例子中，是“10”）。接下来，评估人员确定第二个最重要的和第二个最不重要的职位，分别标为“2”和“9”。以下依此类推，直到所有职位的顺序排列完毕为止。

简言之，对于只有少数几个职位的机构，运用排序法进行职位评估可达到花费最少、实施最快的效果。机构的规模越大，排序法就越不适用。尽管如此，排序法仍是一种有用的方法，并且胜过任何非正式的评估方法。

（二）分类法

这种评估方法是将职位分成几组或几类。形象地说，就像分成一系列的鸽巢，每个鸽巢代表着类似的职位。与排序法不同，分类法并不是要确定每个职位的固定顺序，相反，它试图找出各类职位之间的不同。分类法经常用到的分组方法包括薪酬等级、工作等级、工作分类或工作水平。

分类法的最大用户是美国政府。美国政府将 250 万工作人员划分到 18 个职位类型中。美国州政府和地方政府也普遍采用职位分类法。

分类系统的核心是对每类或每级职位进行一系列描述。描述必须十分具体，以包括各个职位的工作内容，同时也必须相当广泛，以涵盖各种不同的职位。表 4—2 给出了美国人事管理部门总表中三个具有代表性的职位描述。请注意描述中所使用的文字：一方面，它相当精确，能够描述出特定职位的细节，而另一方面，它又具有相当广泛的概括性，适用于各种职位。

表 4—2　　分类描述总表的摘要

总表 1.	该描述包括的各种职位很少或几乎不需要独自判断，并在主管的密切监督下开展工作：（1）办公室、商务或财政运作中最简单的日常工作；（2）专业科学技术领域中初级技术人员的工作。
总表 5.	包括下列职位的描述：（1）在一般监督下完成的较为复杂的办公室、商务或财政管理等工作，并负有相关责任，或承担专业科技领域中相对次要的技术工作。这些工作需要：（A）相当数量的培训、管理或其他经验；（B）熟悉和了解办公室、图书馆、工程、科学等方面的程序和做法；（C）在有限的范围内独立做出判断。（2）在密切监督下，不需要运用独立判断的初级工作，这需要有相当于高等院校水平的专业技术培训，并且很少或几乎不需要任何工作经验。（3）其他具有近似重要性和复杂性、需承担一定责任并要求具有一定的工作经验。
总表 9.	描述包括下列所有职位：（1）在一般监督下完成的、比较困难并承担一定责任、需要特殊技术、监督或管理经验的工作。它要求：（A）一般的独立工作能力；（B）具备全面而基本的知识，或熟悉相关专业、技术或科学知识；（C）在一定程度上作出独立判断。（2）适当地运用独立判断、需克服困难并担负一定责任的工作。它要求：（A）具备相当于高等院校毕业水平的专业知识和经过技术培训；（B）具备独立工作所需的专业、科学或技术培训经验；（3）其他同等重要、需克服困难、需担负一定责任，并要求相应资历的工作。

运用分类法的最大障碍在于各个类型描述的确定。如果不擅长分析、确认、定义一组职位与其他职位的区别，那么就无法顺利完成这项工作。有鉴于此，商业和工业企业中很少运用职位评估的分类法。但在政府部门中，分类法得到了广泛运用，其原因在于它们的每个职位评估方案能包括许多职位类型，如工人、办公室人员、技术人员、行政和管理人员等等。

（三）评分制方案

运用最广泛的职位评估方法是评分制方案。它之所以受欢迎是因为它易于理解和管理。但是，与排序法不同的是，开发一项有效的评分制方案是一项复杂的工作，通常需要有薪酬专家的参与。

评分制方案的开发包括下面四个步骤：选择应补偿要素；定义每个要素；定义每个要素的等级；确定每个要素的相对价值和分值。

其中选择应补偿要素是做好职位评价的关键。应补偿要素是指用来描述和区分职位的因素，它们是机构支付员工薪酬的依据。确定应补偿要素时可以通过职位分析、委员会决定或参考其他机构使用的要素来进行。应补偿要素必须与职位相关，换言之，要素应准确描述、反映和区分各种职位；对于特定职位，各个要素的级别之间应有足够的分值差别；相互之间能清楚地区分，不存在任何意义上的交叉；在某种程度上存在于大多数职位中；可以为即将使用或受其影响的员工所接受。

在按照先前的顺序同时评估几个职位时，评估人员可采用两种方法。其一，评估人员在将每个职位与相应的职位要素和等级定义进行比较时，每次评估一个职位；其二，评估人员在将每个职位与相应的职位要素和等级定义进行比较时，每次评估一个要素。第一种方法要求逐个评估职位，而第二种方法要求对于每个要素同时评估各个职位。一般认为第二种方法评估得更准确，因为职位不仅要与要素和等级的定义进行比较，而且也要相互间进行比较。

（四）要素比较法

要素比较法也称点因素法，实际上是一种综合性的职位评估方法。它既包括部分职位排序法的内容，又包括评分制方案的一些方面。在职位比较方面，它与排序法很相似；而在职位与一系列应补偿要素相比较方面，它又与评分制方案很相似。

该方法中常用的五个应补偿要素是：心理要求、身体要求、技能、责任、工作条件。由于一般职位中均包括这些要素，因此，要素比较法并不要求对不同的职位制定不同的方案。经理、主管和文员职位使用一个比较尺度就足够了。

要素比较法的制定有三个步骤，包括定义应补偿要素、选择关键职位、根据要素将职位排序。

下面让我们仔细分析介绍每一个步骤。

1. 定义应补偿要素

第一步在所有步骤中最为简单。由于要素比较法采用的五种基本要素存在于所有职位中，因而很容易决定运用哪些要素。关键是要素的定义应适合特定机构。定义通常都很广泛，而且与评分制方案中的要素定义相似。通常，运用要素比较法的机构只是简单地“挪用”另一个机构的要素定义。

2. 选择关键职位

第二步是选择作为基准的、具有代表性的重要职位。重要的或基准职位应：内容稳定，很少随时间变化；广为人知并且易于为劳动力市场上的机构所识别；描述清晰、准确；在难易程度和责任方面，具有很好的参考价值；确定的薪酬级别为劳动力市场所认可；与所选定的其他重要职位一起代表机构的所有职位；确定的薪酬级别较为准确。

由于要素比较法完全建立在此基础上，因而关键职位的选择就尤为重要。作为参照的基准，它们必须能代表所有待评估的职位。基准职位的具体数目应视系统内的职位多样化程度而定。通常会选择10～15个职位。

假设一家会展公司已确定了五个重要职位：档案管理员、经营主管、会计员、复核员和出纳员（实际选定的职位是否是这些并不重要，因为我们只是打个比方）。通过这个例子，我们将很容易了解要素比较法的具体制定过程。

3. 根据要素将职位排序

接下来要做的工作就是根据要素将各个关键职位排序。评估委员会的各个成员独立完成该过程，然后将结果汇总，并计算出平均数作为最终顺序。表4—3给出了五个关键职位的排序。经营主管在心理要求上排在第一位，随后依次是出纳员、会计员、复核员和档案管理员。

表4—3　　依照要素对重要职位的排序

职位	要素和顺序				
	心理	技能	身体	责任	工作条件
档案管理员	5	5	1	5	1
经营主管	1	1	5	1	5
会计员	3	3	3	3	4
复核员	4	4	2	4	2
出纳员	2	2	4	2	3

七、薪酬系统的设定

（一）工资曲线

工作的相对价值和工资率之间的关系可以用工资曲线的形式表现出来。这条曲线可以说明目前企业为工作所支付的工资率，新的工资率来自职位评价或在劳动力市场上其他企业为相似职位所提供的工资率。曲线可以通过包括一系列代表目前工资率的点组成的散点图的形式表现。如图4—5所示，绘制一个通过这些点的手绘曲线，使在曲线上下的点数基本相似。工资曲线可以是直线或曲线。通过曲线可以确定工作的价值和在线上任意给定点的工资率之间的关系。

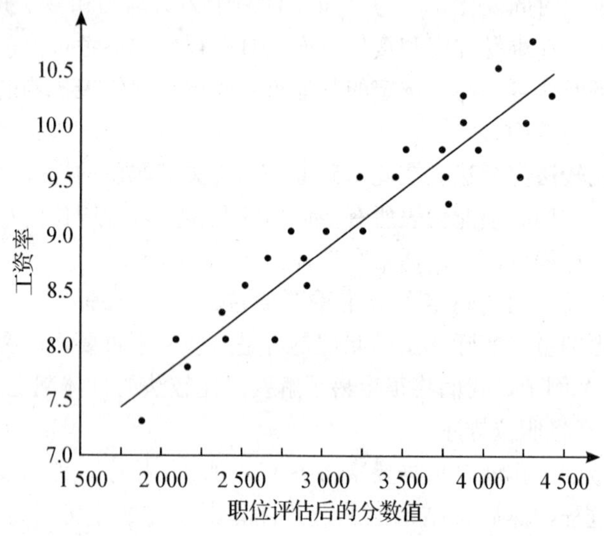

图4—5　手绘的工资曲线示意图

（二）薪酬等级

从管理的角度来看，通常会把工作分成薪酬等级，并为在一个特定等级的所有工作给予相同的工资率或工资幅度。当使用职位评价的区分体系时，作为评价过程中的一部分，工作被分成很多等级。工资等级反映了这些工作所代表点数或评价的货币价值。图4—6说明了一系列工资等级，这些等级沿着水平轴以50点为间隔排列。

薪酬结构中的薪酬等级数量可以不同。工资等级数量由工资曲线的斜率、结构中的工作数量和分布，以及企业的工资管理和晋升政策等决定。

（三）工资幅度

虽然可以为每个工资等级设一个单一比率，但更常见的是为每一个工资等级

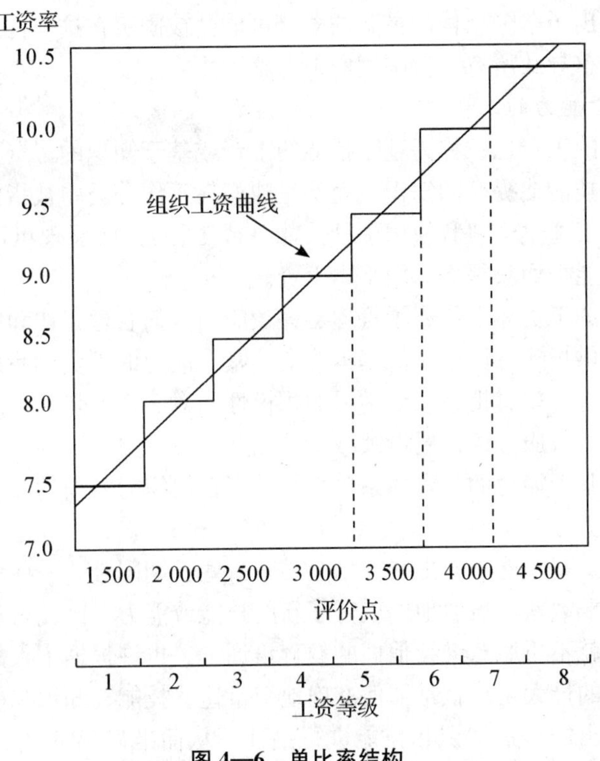

图 4—6 单比率结构

设定一个工资幅度。每一个等级的工资幅度可能相同，也可能是一个工资幅度比另一个工资幅度按比例增加。基于增加的工资幅度为员工提供了晋升到一个更高工资等级工作的激励。

工资幅度通常被分为一系列的等级，使员工可以在绩效或年薪，或者两者结合的基础上逐渐获得更高的等级，直至达到最高等级。大多数的薪酬结构都在两个相邻的工资等级之间有一定的重叠部分。重叠的目的是使拥有较多经验的员工可以获得和经验较少但工资等级更高的员工一样甚至更多的薪酬。

设定薪酬结构的最后一步是在评价价值的基础上为每一项工作确定一个合适的工资等级。一般来说，这个价值是在没有考虑该员工的绩效的情况下确定的。在这一体系中，绩效超过要求水平的员工会由于在本工资等级范围内获得更多奖金或被提拔到下一个工资等级而体现出组织对他的工作的认可。

当员工的年薪很高或晋升机会很少时，企业可以为员工提供超过工资幅度最大值的收入。超过工资幅度最大值的薪酬被称为红点比率（red circle rate）。因为这些比率超出了薪酬结构，员工的薪酬可能会被固定在这一比率上，直到由于市场薪酬的调整导致所有工资幅度向上调整为止。

（四）基于能力的工资

基于能力的工资也被称为基于技能的工资或基于知识的工资，它是基于员工所掌握的多种技能或提高的知识，而不是他们在工作分类中被指派的工作。该工资计划鼓励员工通过学习和使用多种技能（或工作），或展现可以满足组织多种要求的一系列能力而获得更高的基本工资。

基于能力的工资体系代表了管理层关于应当如何管理工作和应当如何为员工的工作努力提供报酬方面态度的基本改变。基于能力的工资体系最常被提起的优点包括更高的生产率、提高员工学习的积极性和对工作的热情、改善员工的灵活性，以满足生产或服务的需要以及减少缺勤和人员变更，因为管理者可以根据需要安置员工。基于能力的工资体系也鼓励员工在组织需要新的或更新的技术时能寻找培训机会。

不幸的是，基于能力的工资计划会带来一些长期困难。一些计划限制了员工可以获得的薪酬数量，虽然他们获得了新的技能或能力。因此，在达到最高工资等级后，员工就不再愿意继续他们的教育培训了。也许根据个人的技能、知识和能力付酬面临的最大挑战就是如何准确地衡量这些技能、知识和能力。很难对工作中员工表现出的特别知识和技能进行描述，从而准确描述他们掌握的技能或知识。

（五）宽带工资

采用基于能力或基于技能的工资体系的企业经常使用宽带来帮助确定员工的工资支付。宽带把许多传统的工资等级归入了几个宽的薪酬带中。宽带强调为从事需要不同技能的多项工作的员工付酬，鼓励掌握横向的技能结构。此外，宽带帮助消除等级的困惑，鼓励员工转换到他们能开发自己的职业生涯并增加组织的价值的工作。宽带薪酬使组织有能力在宽带中安置员工的同时考虑工作的责任、个人的技能和能力以及职业流动模式。

八、员工福利概述

（一）员工福利的定义

员工福利可以从广义和狭义两个层次进行定义。广义的员工福利包含三个方面：企业员工作为国家的合法公民，享受政府的公共福利和公共服务；企业员工作为企业成员，享受企业的集体福利；除工资外，企业为员工及其家庭提供各种实物和服务形式的福利。狭义的员工福利，是指企业为满足劳动者的生活需要，在工资收入以外，向企业员工及其家庭成员所提供的待遇，包括物质福利、带薪休假、专项服务等。狭义的员工福利又被称为劳动福利或者职业福利。

（二）员工福利的特点

员工福利作为企业报酬的一种重要形式，主要有以下特点：

1. 集体性

绝大部分的员工福利是由企业员工集体消费的，除去少部分福利形式针对于某个特定的群体以外，员工福利的主要形式是举办集体福利事业（如员工食堂、俱乐部等），员工主要是通过集体消费或共同利用公共设施的方式分享员工福利。

2. 均等性

员工福利是企业支付给员工的外在性间接报酬，员工在履行了劳动义务之后，都有享有企业各种福利的平等权利。换句话说，员工福利的享受与员工个人的工作绩效不直接挂钩或根本无关，员工是以作为企业的某种组织成员的身份而享受有关福利待遇的，具有一定的机会均等和利益均沾的特点。

3. 补充性

员工福利是对按劳分配的补充。在按劳分配制度下，由于员工个人劳动能力、个人贡献以及家庭负担的差异不可避免地造成部分员工生活困难，个人消费品的需要难以满足的现象。员工福利可以在一定程度上缓解员工生活富裕程度的差别，作为工资的补充解决员工的生活困难。

4. 有限性

员工福利仅仅是对员工生活中有限的、特定的需求的满足，不能像工资一样满足员工的基本需求。

5. 补偿性

员工福利是对员工所提供的劳动的一种物质补偿，是对员工工资收入的一种补充形式。当然，享受这一权利的前提是履行了劳动义务。

6. 差别性

在不同的企业之间，由于经济条件的限制，各个企业向员工提供的福利待遇会有些差别；即使是在同一企业之中，在某些福利项目上，也因员工个人的劳动贡献不同而有所不同。

（三）员工福利的作用

工资和福利是现代企业薪酬的两个主要构成部分，在很多方面，员工福利发挥着工资难以达到的作用。具体来讲有下列几个方面：

1. 增加企业招募的优势，吸引企业外部优秀人才

求职者在决定是否加入一家企业时，其考虑的因素多半是公司的知名度、工

作本身是否有挑战性与薪资福利等。对于经济基础较弱的员工，高薪是吸引人才的重要砝码，而对于已经有一定经济基础的员工，高薪的作用并没有想象中大。由此观之，求职者在找寻工作时，不见得都是向“钱”看齐，因此，只要企业妥善做好福利规划，不仅可以避免外部恶性“挖墙脚”，而且可以将人事预算做最有效率的运用。

2. 合理规避个人收入所得税

每年公司员工的调薪幅度总是众所瞩目的焦点，加薪代表的是员工所得的增加，然而，加薪难免会有预算上的限制，而且员工可能因为加薪造成年度所得税税率向上调整，反而增加赋税的负担，造成实际收入的下降。企业若是可以从员工赋税的减少来着手规划员工福利，也就是所谓的薪资福利化，则可以切实提高员工的收入水平，充分切入员工所需。

3. 加强核心员工的留任意愿

在企业逐渐将不具有核心竞争优势的业务转型为外包之际，组织内部人员的精简是可以被预期的，此时存在于组织内部的核心人员便是未来企业创造价值的精英分子。根据“二八定律”，企业20%的核心员工创造了企业80%的利润，组织内部资源分配应该向这部分核心员工倾斜。建立一套符合企业特性又有所侧重的福利规划，不仅可以适度提升员工的士气，而且可以留住核心员工为公司发展共同奋斗。

4. 树立良好企业形象，传递企业文化和价值观

现代企业已经不再是单纯的商业组织，企业的任务不再是单纯地向社会提供产品，实现利润，它还需要履行诸多的社会责任，员工福利就是其中很重要的一项。员工福利可以体现企业的管理特色，传递企业对员工的关怀，创造大家庭式的工作氛围和组织环境，获得较高的员工认同度；也会在社会大众中树立良好的形象，对公司的长远发展很有利。

九、福利的类型及内容

我们按照福利制度是否具有强制性而将其划分为强制性福利和自愿性福利。

（一）强制性福利

强制性福利又称为法定福利，是国家通过立法来强制实施的员工福利政策，主要有两大类：社会保险和休假制度。

1. 社会保险

社会保险就是指以国家为主体，保障劳动者在遭遇年老、失业、疾病、伤残、生育以及死亡等风险和事故，暂时或永久丧失劳动能力，或者有劳动能力无劳动机会进而丧失生活来源的情况下，通过国家立法手段，运用社会力量，保障

劳动者能够享受国家或社会给予的物质帮助，维持其基本的生活水平的一种制度。

从社会保险的定义我们就不难看出，社会保险主要包括养老保险、失业保险、医疗保险、工伤保险和生育保险几大类。

(1) 养老保险。养老保险是国家为劳动者建立的老年收入保障机制，是员工在达到退休年龄、退出劳动领域或者丧失劳动能力等情况下应该享有的权利，包括经济、医疗以及社会服务等方面的措施。我国现阶段采取的是社会统筹和个人账户相结合的养老保险制度，劳动者在退休以后按月领取一定数额的养老保险金。

(2) 失业保险。失业保险是指员工在非自愿性失业——即由非本人原因引起的失业——的情况下，在失业后的一段时间内能够获得一定数额的津贴或者补助。国际劳工组织第 44 号公约规定，无论是津贴还是补助，支付期应为每年至少 156 个工作日，在任何情况下也不能少于 78 个工作日。失业保险是一种经济性补偿，用以弥补非自愿性失业的员工在失业期间所损失的部分收入，目的是使非自愿性的暂时失去工作的劳动者，通过基本生活保障，为其尽快重新就业创造条件。其基本待遇是失业保险金及失业医疗救助金等的支付。

(3) 医疗保险。医疗保险是指按照强制性社会保险的原则，通过国家立法，由国家、企业和个人共同集资建立医疗保险基金，当个人接受医疗服务时，由社会医疗保险机构提供医疗费用补偿的一种社会保险制度。

(4) 工伤保险。又称职业伤害保险，是对在工作中受伤致残或因从事有损健康的工作患职业病而丧失劳动能力的劳动者，以及对因工伤死亡的员工的遗属(通常是无生活来源的) 提供的物质帮助。工伤保险实行“无过失补偿”原则，即意外事故的发生，无论劳动者是否存在粗心大意或者操作上的失误，均可获得收入补偿。此外，工伤保险费只由企业缴纳，员工个人不承担费用。工伤保险的范围包括工伤事故和职业病。

(5) 生育保险。生育保险是指通过国家立法筹集基金，对因处于生育子女期间而暂时性丧失劳动能力的妇女给予一定补偿的社会保险制度，主要包括经济补偿、医疗服务和生育休假福利等。

2. 休假制度

(1) 休假和节假日薪资。这是指企业向其员工在国家法定假日和组织自定的休假日支付的报酬。我国规定的节假日包括元旦、春节、劳动节、国庆节以及周末双休日等，在以上法定假日因工作需要必须安排员工加班的，在员工同意的基础上应该按规定支付员工加班工资。还有一种情况是在法定假日以外，企业可以根据员工的服务期限、资历等条件给予不同的时间和费用进行休假，探亲假就属于此种类型。

(2) 病假工资。这是员工因为疾病而不能工作时，所享受的带薪病假福利。大多数病假制度是员工可以在规定的病假期内（期限由不同组织根据自身情况自行决定）享受正常的工资待遇，全年的病假日一般是按固定的比例累积的，员工可自行决定休假的时间。有的企业要求员工请病假时出具医生证明。

（二）自愿性福利

自愿性福利又称为企业福利，是指由企业自主建立的、为满足职工的生活和工作需要，向员工及其家属提供的一系列的福利项目。企业福利计划比法定福利计划种类更多，选择更加灵活，在这里我们只简要介绍以下几种。

1. 企业年金

企业年金又称企业补充养老保险，是指在缴纳基本养老保险费以外，企业在国家政策的指导下，根据自身的经济实力和经济状况而建立的旨在为本企业职工提供一定程度退休收入保障的制度。它是现代多层次养老保险制度的一项重要的子制度，是对社会福利的重要补充。社会基本养老保险用于保障员工的基本生活，其替代率在58%左右。企业年金作为社会基本养老保险的必要补充，属于员工个人所有，用于保障职工在退休后仍然能够维持原有的生活水平。对于员工而言，企业年金是一种延期收入。

2. 人寿保险

多数人寿保险以团体人寿保险的形式出现，这对于企业和员工都有好处：企业可以享受法律上的税收优惠政策，而员工作为一个群体可以以较低的保险费率购买相同的人寿保险。多数情况下，组织会支付全部的基本保险费用（在美国约占到企业的79%），附加人寿保险的费用则由员工自己承担。

3. 住院、医疗和伤残保险

这是指企业向员工提供某种稳定的住院、医疗和伤残保障，目的是为了减少员工由于生病或意外事故造成的医疗费用支付损失，进而保障员工基本生活，这种福利形式和人寿保险一起构成了几乎所有的福利方案的基础。这种保险属于商业保险的范畴，一般采取团体购买的形式，而且该保险适用于全体员工，不考虑员工之间工龄和健康状况的差异。

4. 教育资助

这是指通过一定的教育或培训手段提高员工素质和能力的福利计划，通常体现为对企业的员工提供教育资金援助，这也是很多企业的一项福利措施。

教育资助分为两种。一种是对那些自觉参加专业培训课程或学位班的员工，在其保证一定工作时间及获得较为优秀的学习成绩的情况下，酌情根据其学业的完成情况为其提供部分学费或全部学费的报销。一般来说，如果员工通过自费培训拿到学历，就可以得到培训费用的全额报销。通过这种方式，企业既可以鼓励员工提高学习和自我开发的积极性，又能够切实提高他们为企业服务的本领和技能。另一种则是在企业内部进行培训。许多企业会举办面对全体员工的讲座和研讨会，帮助员工提高包括专业技能、与人沟通合作的技能、创新与应变能力等在内的多种能力，以确保整个企业的人力资本增值。

5. 生活福利

为了适应员工紧张工作和生活的需要，越来越多的企业开始提供一些方便员工生活的福利，如照顾儿童和老人，提供免费午餐，提供班车服务等等。

6. 自助式福利

自20世纪80年代起风靡美国的“自助式福利”，也有人称之为“综合福利计划”，即公司把花在每个员工身上的附加福利的数额告诉员工，允许每个员工在公司所指定的多项福利计划中选择，直到花完个人额度为止，但对某些重要福利则规定最低额度。此举受到了员工的热烈欢迎，与一些零星的“散装”的福利相比，此举更合乎潮流。然而这种“自助式”的福利计划也有不少缺点。首先是管理和登记比较麻烦和琐碎，会引发管理成本上扬；二是员工有可能缺乏专业知识和急功近利而造成选择不当；三是会发生“逆向选择”的问题，即选择自己比较容易发生问题的部分来进行保障，也会引发成本上扬。

第二节 薪酬管理的成本控制与调整

一、薪酬的成本控制

薪酬管理的主要任务之一是控制薪酬成本，控制好劳动力成本才能实现薪酬管理的效率战略目标。

（一）劳动力成本控制要素

劳动力成本或人工成本主要构成部分即薪酬成本，所以，劳动力成本的控制要素即薪酬成本控制要素。在一般情况下，劳动力成本的构成关系可用下面的公式表示：

劳动力成本＝员工人数×(人均货币化薪酬＋人均福利成本)

由上述公式可见，管理劳动力成本或控制员工薪酬成本关键是控制三个要素：总工时数（人员数量和用工时间）、人均货币化收入（如工资、津贴、奖金等）、人均福利成本（如医疗保险、养老金、带薪休假等）。工资与福利问题前面已做过较多的讨论，这里主要讨论总工时数和人均货币化收入问题。

（二）薪酬成本控制的基本路径

1. 控制总工时数

企业的总工时数是其员工人数与他们工作时数这样两个量的一定乘积的叠加。所以，控制总工时数一是控制员工人数，二是控制工作时数。控制员工数量和工作时间一直是企业控制薪酬成本的最普遍做法。

（1）控制员工人数。当员工薪酬水平相同时，员工人数减少，企业所需支付的总薪酬额越低。许多企业十分强调用工数量的管理。但是，核心员工的减少或裁员又会给企业带来人才和培训流失、士气低落等副作用，因此，企业在实践中多是通过精简或扩展临时工和替代性较强的员工来实施员工人数的调控，而把骨干员工队伍保持相对的稳定。

（2）控制工作时数。与人数控制相比，工时控制更具灵活性。由于企业许多工作职位是按工时进行计酬，所以，企业通过控制总工时，特别是须付高薪的节假日加班工作时间，也可以有效控制薪酬成本。而且还能避免裁员、减员时带来的震动和麻烦，具有方便、快捷、隐蔽地降低成本的作用。

需要注意的是，这两种方法各有限制和适用条件，需要根据实际情况调整选用。另外，聘用人数、用工时数与现金报酬和福利成本是互为影响的。

2. 控制基本工资

基本工资的增加对薪酬成本的上升和固定增加有重要影响。为了控制人力成本而控制基本工资，主要是要控制基本工资加薪的规模（或幅度）、加薪的时间和员工的覆盖面。由于基本工资增加的主要动因是内部公平性要求、市场状况变动和职位晋升等因素的推动，所以，还需要对这些源头因素实行管理和调控。

3. 控制浮动薪酬

企业支付给员工的浮动薪酬包括：津贴、分红、利润分享、团队奖金等多种多样的名目。虽然不同企业薪酬结构中的浮动部分比重不同，但浮动薪酬已普遍占到了企业支付给员工全部薪酬中的相当大的部分，浮动薪酬带来的薪酬成本增长问题也绝不能小看。浮动薪酬的成本控制除了要控制它的支付规模、时间和覆盖面外，还应重点利用它的一次性支付性质来改善劳动力成本的可调节幅度。也就是说，可适当加大它相对于固定薪酬的比例。

4. 控制福利支出

企业福利方面的支付可分为三类：第一类是与基本工资相联系的福利，第二类是与基本工资无联系的福利，第三类是福利管理的费用。第一类福利随基本工资的变化而变化，份额较大，对薪酬预算和成本影响较大，基本工资一定时，刚性较大；第二类多为短期福利项目，数额较小，弹性较小；第三类费用也有较高的弹性可以利用。控制福利支出来降低薪酬成本时，需要针对这三类福利支出的特性分别管理和调控，落实在不同控制环节和因素上，才能取得实效。

5. 利用适当的薪酬技术手段促进成本控制

企业还可以利用职位评价、薪酬调查、工资结构线、薪酬宽带、计算机辅助管理、最高与最低薪酬水平控制、成本分析、薪酬比较比率等薪酬技术手段，来促进或改善薪酬成本控制，节省人力成本支出。

（三）薪酬控制的主要指标

薪酬控制的主要指标包括人均薪酬成本、人工费比率和人工成本比例，它们的含义对比列于表 4—4 之中。

表 4—4　　薪酬控制的主要指标

指标名称	公式	指标属性
人均薪酬成本	等于年度薪酬总额/年度平均人数	人均指标
人工费比率	等于薪酬总额/税前收入	综合指标
人工成本比例	等于薪酬总额/营运成本	结构指标

如果一个企业的人力资源情况符合高投入、高产出、高效益状态时，上述指标应当“一高二低”——人均薪酬成本高、人工费比率和人工成本比例低。若上述三个指标是“一低二高”，即人均薪酬成本低、人工费比率和人工成本比例高时，说明企业人力资源使用状况不佳。上述三个指标可以作为一个指标体系同时使用，应当遵循上述“一高二低”的原则。

二、薪酬的调整

（一）基本薪酬的增加

基本薪酬的增加表现为全体职工的薪酬同时增加。其目的主要是为了保障员工的生活。基本薪酬的增加有以下几种情况：消费物价指数上升；劳动力市场供不应求；由一种薪酬体系转到另一种薪酬体系；企业劳动生产率提高。

基本薪酬的提升可以采取定额或定率的方法或两者结合。定额的方法指给不同职务等级的员工制定相应薪酬增加数额，定率的方法指给不同职务等级的员工制定相应的薪酬增加比率。

（二）制定个人加薪标准

假设公司效益好，准备增加 10％的工资预算，可以有几种方法将这 10％分配到每一个员工。

（1）所有员工都增加 10％。这种方法非常简单，但并未体现出员工贡献的大小，不符合激励的原则。

（2）按照绩效加薪。按照绩效考核所评定的等级加薪，等级高的薪酬增加比率大，而不是所有员工都增加 10%。

（3）按工作效果和个人工资在工资幅度中的位置加薪。通常用中点比率来确定个人薪酬在薪酬幅度内的相对位置。中点比率是将个人工资与该工资级别的中点相比所得的比值，它反映了个人工资在该工资级别内的相对位置。假设某一级别的工资的中点为 5 000 元，若一员工的工资为 5 600 元，则该员工的工资中点比率为 5 600/5 000＝1.12。根据中点比率可以将该级别的工资分为几个等级，例如可以分为三个等级：中点比率小于 0.93，介于 0.94 和 1.06 之间，大于 1.07。本加薪方法基于两个出发点：绩效等级高的员工加薪比率大；中点比率大的员工工资加薪比重小，也即每一工资级别内工资较少的员工加薪比率大。

此外，薪酬调整的方法还有很多，不同的企业可以总结出适合自己的薪酬调整方式，但是未来的薪酬管理模式将更进一步注重绩效薪酬部分，也就是可以浮动的部分，对于固定的薪酬则要加以控制，从而能够对于员工的绩效起到推动作用。

第三节　会展业薪酬管理的特殊性

会展业中的企业由于其所处行业的特殊性，与一般企业的薪酬管理相比，既有其共性，也有其特殊性，具体表现在以下几个方面。

一、更加注重利益的相关性

由于会展行业的特殊性，因此，以项目方式进行结算成为大部分会展行业内企业的首选模式，即企业与员工之间的报酬支付是彼此先谈定完成一个项目的总报酬，每月先预支一部分，待整个项目结束时一并结清。这样的结算方式把企业同员工的利益结合在一起，如果项目做砸了，那大家的收入都受到影响，因此，可以大大激发员工的工作热情。另外，不少企业还承诺如果利润超过一定基准，企业同员工之间还可进行利润分享，这样就更加激发了员工的潜能。

二、薪酬主要部分集中在绩效薪酬

会展企业的员工绝大部分的底薪不高，主要靠绩效收入。即整个收入的构成是“底薪＋提成（或奖金）”，虽然各家企业设计的薪酬模式稍有不同，但万变不离其宗。主要是因为会展企业本身也存在很大的不确定性，因此，要靠员工的努力才能产生利润。例如，某会展企业规定业务员每招揽一名参展客户可得奖励

500 元，30 家以上每家为 800 元，而底薪才 1 200 元，这就是鼓励“多劳多得”的模式。

三、薪酬体系变化多、程式化少

由于会展企业的业务有很大的不确定性，竞争也极为激烈，再加上不同类型的项目利润率也完全不同，因此，薪酬模式可谓多变。如某会展公司的主要业务有两种，一是承办节庆活动，二是举办展览会。由于这两类业务差异很大，故而在提成方面则完全不同。节庆活动以完成项目后的利润来结算奖励；而展览会举办则直接以展位的出售结算奖励。

四、自由职业者多，薪酬方式灵活

由于会展公司受到业务波动的影响，因此，不可能在业务淡季养一大帮“闲人”，所以，平时只有基本的人员配置，而一旦承揽到业务便马上搭班子，此时加盟的自由职业者增多，不同的人员有不同的薪酬结算方式，很难一概而言。

正因为如此，会展行业的薪酬管理尤为复杂，需要结合行业特点，不断琢磨总结。

复习思考题

1. 薪酬的主要表现形式有哪些？
2. 薪酬管理的基本理论有哪些？
3. 影响薪酬的主要因素有哪些？
4. 试简述薪酬设计的程序。
5. 员工福利有哪些类型？
6. 如何控制薪酬成本？
7. 会展业的薪酬管理有哪些特殊性？

第5章

会展业人力资源的绩效评估

导入案例　通用电气评估的方法

GE公司这艘企业界航空母舰的管理之道，一直被人们奉为管理学的经典之作，而GE的评估制度则是其管理制度中的重要篇章，从通用电气（中国）公司的评估制度可以发现GE考核制度的重点所在。

通用电气（中国）公司的评估内容包括“红”和“专”两部分。“专”是工作业绩，指其硬性评估部分；“红”是评估软性的东西，主要是评估价值观。这两个方面综合的结果就是评估的最终结果，可以用二维坐标来表示，如图5—1所示。

员工的综合评估结果在二维表中不同区域时的处理：

一、当员工的综合评估结果是在第四区域时，即价值观和工作业绩都不好时，处理非常简单，这种员工只能离开。

二、综合评估结果在第三区域，即业绩一般但价值观评估良好时，公司会保护员工，给员工第二次机会，包括换岗、培训等，根据评估结果制定一个提高完善的计划，在3个月后再根据提高计划评估一次，在这3个月内员工必须提高完善自己、达到目标计划的要求。如果3个月后的评估不合格，员工必须走人。当然这种情况比较少，因为人力资源部在招聘时已经对员工做过测评，对员工有相当的把握与了解，能够加入通用公司的都是比较优秀的。

三、如果员工的综合评估结果是在第二区域时，即业绩好但价值观评估一般时，员工不再受到公司的保护，公司会请他走。

四、如果员工的综合评估结果是在第一区域，即业绩考核与价值观评估都优秀，那他（她）就是公司的优秀员工，将会有晋升、加薪等发展的机会。

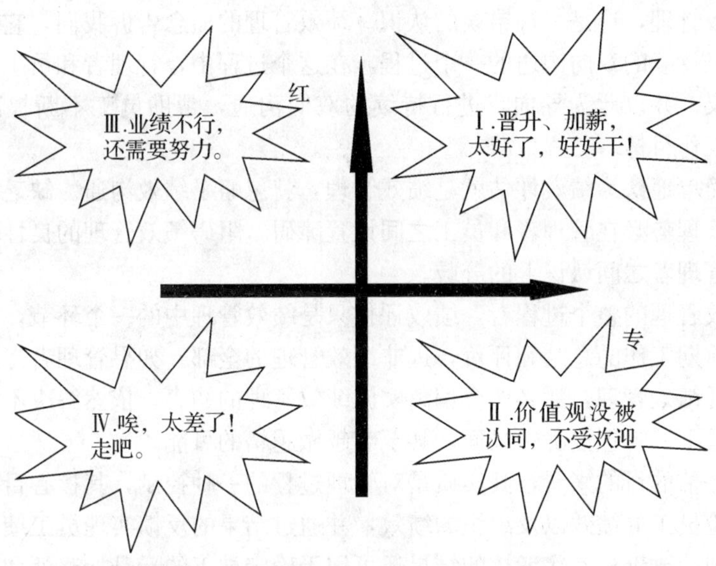

图 5—1 GE“红”、“专”考核二维图

考核采用全年评估与年终评估结合的方式，贯穿在工作的全年，对员工的表现给予及时的反馈，在员工表现好时及时给予表扬和肯定，表现不好时及时与其沟通。

资料来源：李小勇：《100 个成功的人力资源管理》，163 页，北京，机械工业出版社，2004。

第一节 绩效评估概述

一、绩效和绩效评估的概念

绩效，指构成员工职位的任务被完成的程度，它反映了员工能在多大程度上实现职位要求。绩效通常与努力混淆，努力指的是耗费的能量，而绩效是努力的结果。例如，学生可能非常用功地准备考试，但仍然得了低分。在这里，所尽的努力很大，但绩效却很低。

绩效评估，又称绩效考评、绩效评价、员工考核，是一种正式的员工评估制度，旨在通过科学的方法、原理来评定和测量员工在职位上的工作行为和工作效果。它一般涉及员工绩效的识别、测评及员工培训开发等方面。绩效评估的结果可直接影响到企业的薪酬调整、奖金发放及职位升降等诸多员工的切身利益，更与员工激励、企业各项政策措施的评价等直接相关。

在此要指出的是，绩效评估并非就是绩效管理，前者只是后者的一个环节。

现在部分企业的管理者将绩效评估等同于绩效管理，认为做了绩效评估就是完成了绩效管理，这是一种错误的认识。绩效管理的概念告诉我们，它是企业管理者和员工持续的双向沟通的一个过程，在这个过程中，管理者和员工就绩效目标达成协议，并以此为导向，进行持续的双向沟通，帮助员工不断提高工作绩效，完成工作目标。

如果简单地认为绩效评估就是绩效管理，就忽略了绩效沟通。缺乏沟通和共识的绩效管理势必在管理者和员工之间设置障碍，阻碍绩效管理的良性循环，造成员工和管理者之间认识上的分歧。

从绩效管理的整个过程看，绩效评估只是绩效管理中的一个环节，只是对绩效管理的前期工作的总结和评价，远非绩效管理的全部。如果管理者专注于绩效评估而忽视绩效管理，那必然会偏离实施绩效管理的初衷，依然解决不了职责不清、绩效低下、管理混乱的局面，甚至有越做越糟的可能。

再从评估的目的来看，其实质是对管理过程的一种控制，其核心目标是通过了解和检验员工的绩效以及组织的绩效，并通过结果的反馈实现员工绩效的提升和企业管理的改善；其次考核的结果还可用于确定员工的晋升、奖惩和各种利益的分配。因此，具体实施中必须将评估作为完整的绩效管理中的一个环节看待，才能对其进行正确定位。完整的绩效管理过程包括绩效目标的确定、绩效的产生、绩效的评估，构成了一个循环。因此，绩效评估首先是为了绩效的提升。

二、员工绩效评估的目的

具体而言，员工绩效评估可达到以下几方面的目的：

第一，为员工的薪酬调整、奖金发放提供依据。绩效评估结果对员工是公开且获得其认同的，因此，无论是描述性的还是量化的评估结果，作为员工薪酬调整、奖金发放的重要依据，都是具有说服力的。

第二，为员工的职位调整提供依据。职位调整包括员工的晋升、降职、调岗甚至辞退。绩效评估是对员工是否适合该职位做出明确的评判，基于这种评判而进行的职位调整，易让员工本人及其他员工接受和认同。

第三，让员工清楚企业对自己的真实评价及期望。绩效评估具有周期性和公开性，员工可正面了解企业对自己的评价。如此，可防止员工不正确地估计自己在企业中的位置和作用，从而减少一些不必要的抱怨，同时，也让员工清楚自己需要改进的地方，为员工的自我发展奠定基础。

第四，发掘员工的潜能。绩效评估使员工更清晰地了解自己的优缺点，优秀员工将向更有挑战性或更能发挥潜能的工作职位流动，这就可能产生意想不到的工作成效。

第五，为上级和员工之间提供一个正式沟通的机会。考评沟通是绩效评估的重要环节，即作为考评人的管理者与作为被考评人的员工面对面的对评估结果进行讨论，并指出其优缺点和需改进的地方。这就为管理者和员工创造了一个正式的沟通机会，使管理者可及时了解员工的实际工作状况及深层次的问题与根源，同时也使员工了解到管理者的管理思路和计划。因此，绩效评估促进了管理者与员工之间的相互了解和信任，有助于提高管理的穿透力和工作效率。

第六，为工作计划、预算评估和人力资源规划提供基础信息。通过绩效评估，管理者和人力资源部门可及时准确地获得员工的工作信息，进而及时发现政策中的不足和问题，为改进企业在预算、人力资源规划等方面的政策提供有效的依据。

三、员工绩效评估的原则

开展员工绩效评估应遵循下述几个原则。

（一）与企业文化和管理理念相一致

评估内容实际上是对员工工作行为、态度、业绩等方面的要求和目标，是员工行为的导向。评估的具体项目是企业文化和管理理念的具体化，目的在于通过评估暗示员工必须明确：企业在鼓励什么，提倡什么，反对什么，由此向员工提出行为的坐标。

（二）要有侧重

评估内容不可能包含该职位的所有工作内容。为提高评估效率，降低评估成本，且让员工清楚工作的关键点，应选择职位工作的主要内容进行评估，而不要面面俱到。对难于评估的内容要慎重处理，认真分析它的可操作性和它在职位整体工作中的作用。

（三）公平原则

这是实施员工绩效评估制度的前提。不公平，就不可能发挥评估的作用。因此，在绩效评估的整个过程中，考评者要排除一切干扰，本着实事求是的精神，客观、全面、真实地考察和评估员工，要摒弃个人的好恶恩怨，防止用感情和偏见来代替政策。

（四）严格原则

评估不严格，就会流于形式，形同虚设，不仅不能全面地反映员工的真实情况，还会产生消极的后果。严格性包括：要有明确的评估标准；要有严肃的评估态度；要有严格的评估制度与科学且严格的程序及方法等。

（五）单头评估的原则

对各级员工的评估，都必须由被考评者的“直接上级”进行。相对来说，直接上级最了解员工的实际工作表现（成绩、能力、适应性），也最有可能反映真实情况。间接上级（即上级的上级）对直接上级做出的评估结果，不应当擅自修改。但这并不排除间接上级对评估结果的调整修正作用。单头评估明确了评估的责任之所在。

（六）结果公开原则

评估结果应对员工本人公开，这是保证民主评估的重要手段。一方面，可使被评估者了解自己的优缺点、长处和短处，从而使业绩好的员工再接再厉，继续保持先进；也可使业绩不好的员工心悦诚服，奋起上进。另一方面，还有助于防止评估中可能出现的偏见及种种误差，以保证评估的公平与合理。

（七）结合奖惩原则

评估的结果，应根据绩效的大小、好坏、对员工有赏有罚，有升有降。而且，奖惩不仅与精神激励相联系，还须通过工资、奖金等方式同物质利益相联系。如此，才能达到评估的真正目的。

（八）反馈原则

评估结果一定要反馈给员工本人，否则就起不到评估的教育作用。在反馈评估结果时，应向员工就结果进行说明解释，肯定其成绩和进步，说明不足之处，提供今后努力的参考意见等。

除以上原则外，对考评承担者进行充分训练，使其尽量排除主观因素，并能对评估标准有准确的、统一的理解，也是非常重要的。

四、员工绩效评估的类型

依据不同的目的，绩效评估可分为两大类，即判断型和发展型。

判断型的绩效评估主要强调过去的绩效，强调绩效评估的测量比较，常用于控制员工行为过程，如受欢迎的行为将获得增加工资、晋升、进入高层职位的机会，使人失望的行为结果将导致减薪、降职、调离职位甚至解雇。判断型绩效评估有两种形式：一是成绩评估，涉及员工的工资、晋升、晋级、调配或辞退；二是评估研究，即用评估的结果作为标准，评估人事选拔和培训方案的效果。总之，判断型绩效评估为企业的选拔程序和培训项目提供了有价值的反馈信息。

发展型绩效评估的主要目的在于利用评估信息为未来改进工作服务，强调改进今后的工作绩效。发展型绩效评估的信息用于决定培训和发展机会，找出排除工作障碍的方法，提出改进未来工作和绩效的方法。这一类型的绩效评估最常见的形式是行为评估，即改进作业行为的评估，主要用评估信息来分析工作中的弱点，帮助订立、改进工作计划。

五、员工绩效评估的标准

员工绩效评估的标准包括绝对标准、相对标准和客观标准三种。

（一）绝对标准

即建立员工工作的行为特质标准，然后将达到该项标准的列入评估范围内，而不在员工相互间做比较。

（二）相对标准

即将员工间的绩效表现相互比较，也就是以相互比较来评定个人工作的好坏，将被评估者按某种向度做顺序排名，或将被评估者归入先前决定的等级内，再加以排名。

（三）客观标准

就是评估者在判断员工所具有的特质，以及其执行工作的绩效时，对每项特质或绩效表现，在评定量表上每一点的相对基准上予以定位，以帮助评估者做评价。

制定绩效评估标准的总原则是工作成果和组织效率。

依据企业战略，可制定个人或群体的工作行为和工作成果标准，标准尽管可有多项，但每一项须有很明晰的要求。衡量绩效的总原则只有两条：是否使工作成果最大化；是否有助于提高组织效率。

例如，评估一名银行信贷员的工作。这项工作的行为标准可能包括“及时为客户准备好各种信贷文件”，而从工作成果的角度看，绩效标准可能是“每月贷出低风险贷款五百万元”。这两条标准相比较，显然真正重要的是后者。如果该信贷员每月能贷出五百万元低风险贷款，他的工作仍然会受到上级的赏识；如果该信贷员每次都能“及时为客户准备好各种信贷文件”却完不成工作成果的要求，则他的工作仍然是不能令人满意的。

第二节　绩效评估的方法和程序

一、针对个人的绩效评估方法

（一）排序法

一般的排序法是将部门的所有员工的绩效按照从高到低的顺序排列。该法要求将反映极小的诸方面内容归纳为若干条目，如对工作的了解程度、与他人合作的意愿、对顾客的态度等，每一内容都有等级，对绩效的各个方面都有相对的评价，各项评价的总和就是对绩效的总的评价。

而交替排序法是根据某些绩效要素，首先挑选出最好的与最差的员工，将之写在以下的表格中，然后从剩下的员工中再挑选最好的和最差的，依次类推。

表 5—1　　交替排序法的工作绩效评价等级

<table>
<tr><td colspan="2">评价所依据的要素：
针对你所要评价的每一种要素，将所有员工的姓名都列出来。将工作绩效评价最高的员工姓名列在第 20 行的位置上；将评价最低的员工姓名列在第 2 行的位置上，然后将次最好的员工姓名列在第 19 行的位置上。将这一交替排序继续下去，直到所有的员工都被排列出来。
评价等级最高的员工</td></tr>
<tr><td>1. ________</td><td>11. ________</td></tr>
<tr><td>2. ________</td><td>12. ________</td></tr>
<tr><td>3. ________</td><td>13. ________</td></tr>
<tr><td>4. ________</td><td>14. ________</td></tr>
<tr><td>5. ________</td><td>15. ________</td></tr>
<tr><td>6. ________</td><td>16. ________</td></tr>
<tr><td>7. ________</td><td>17. ________</td></tr>
<tr><td>8. ________</td><td>18. ________</td></tr>
<tr><td>9. ________</td><td>19. ________</td></tr>
<tr><td>10. ________</td><td>20. ________</td></tr>
</table>

（二）配对比较法

这种方法使得排序更加有效。其做法是将每一位员工按照所有的评价要素与所有其他员工比较。

这种方法的优势在于得到的评估更加可靠，但是它适合于人数不多的组织，否则将是一件非常烦琐的工作。

（三）强制分布法

为了选出真正优秀的员工，可以使用强制分布的方法，对各个等级的人数比例做出限制。这种方法的假设是，所有小组都有优秀、一般、较差的员工分布。具体到各个部门，比例可以有一定的浮动。为实现需要，确定按照怎样的等级将被评价者分别分布到每一个工作绩效等级上去。但是，若部门中优秀员工很多，这种方法就不太适合。强制分布法会迫使管理者根据分布规则的要求而不是根据员工的个人绩效来将他们进行归类。

当部门员工人数比较少时，可以将同一机构中的几个部门捆绑在一起进行绩效评价。

（四）图示评价尺度法

这是最简单、运用最普遍的工作绩效评价方法之一。在进行评价时，首先针对每一位下属员工从每一项评价要素中找出最能符合其绩效状况的分数，然后将每一位员工所得到的所有分值进行相加，即得到最终的工作绩效评价结果。同时，相关的绩效维度必须进行界定，同时对“杰出”、“好”或“不好”的绩效内容加以说明。以下是一个例子，见表 5—2。

表 5—2　　工作绩效评价表

工作绩效评价表

员工姓名：______________　职位：______________
部门：______________　员工薪号：______________
绩效评价原因：　年度例行评价　晋升　绩效不佳
工资　试用期结束　其他
员工到现职时间：______________
最后一次评价时间：______________　正式评价日期时间：______________
说明：请根据员工所从事工作的现有要求仔细地对员工的工作绩效加以评价。请审查各代表员工等级的小方框。如果绩效评价等级不合适，请以 N/A 字样标明。请按照尺度表中所表明的等级来核定员工的工作绩效分数，并将其填写在相应的用于填写分数的方框内。最终的工作绩效结果通过将所有分数进行加总和平均得出。

评价等级说明

O：杰出（Outstanding）。在所有各方面的绩效都十分突出，并且明显地比其他人的绩效优异很多。

V：很好（Very good）。工作绩效的大多数方面明显超出职位的要求。工作绩效是高质量的并且在考核期间一贯如此。

G：好（Good）。是一种称职的和可信赖的工作绩效水平，达到了工作绩效标准的要求。

I：需要改进（Improvement needed）。在绩效的某一方面存在缺陷，需要进行改进。

U：不令人满意（Unsatisfactory）。工作绩效水平总的来说无法让人接受，必须立即加以改进，绩效评价等级在这一水平上的员工不能增加工资。

N：不做评价（Not rated）。在绩效等级表中没有可以利用的标准或因时间太短而无法得出结论。

一般性工作绩效评价要素	评价等级	评价尺度	评价事实依据或评语
1. 质量：所完成工作的精确度、彻底性和可接受性	O□ V□ G□ I□ U□	100—90 90—80 80—70 70—60 60 以下	分数
2. 生产率：在某一特定的时间段中所生产的产品数量和效率	O□ V□ G□ I□ U□	100—90 90—80 80—70 70—60 60 以下	分数
3. 工作知识：时间、经验和技术能力以及在工作中所运用的信息	O□ V□ G□ I□ U□	100—90 90—80 80—70 70—60 60 以下	分数
4. 可信度：某一员工在完成任务和听从指挥方面的可信任程度	O□ V□ G□ I□ U□	100—90 90—80 80—70 70—60 60 以下	分数

5. 勤勉性：员工上下班的准时程度、遵守规定的工间休息/用餐时间的情况以及总体的出勤率	O□ V□ G□ I□ U□	100—90 90—80 80—70 70—60 60 以下	分数
6. 独立性：完成工作不需要监督和只需要很少监督的程度	O□ V□ G□ I□ U□	100—90 90—80 80—70 70—60 60 以下	分数

用这种方法进行的考核有可能贯穿整个评价阶段，而不仅仅集中在最后几周或几个月的时间里。但是，如果一名基层主管要对许多员工进行评价，则记录这些行为所需要的事件可能会很多。

（五）关键事件法

该法要求保存最有利和最不利的工作行为的书面记录。不论这种行为对组织产生的影响是积极的还是消极的，都应该记录下来。这样的事件就是关键事件。在考核后期，评价者运用这些记录和其他资料对员工业绩进行评价，同时也用来向员工提供明确的反馈。同时，这些事件还可以通过重点强调那些能够很好地支持组织战略的关键事件，从而与组织的战略紧密联系起来。

（六）描述表格法

描述表格法要求管理者做的事情是：根据工作绩效评价标准对手下员工的工作绩效进行评价；列举关键性的绩效实例，制定帮助员工达到并超过标准工作绩效的绩效改善计划。

（七）行为定位等级评价法

这是一种建立在关键事件法基础之上的方法。其主要目的在于通过建立与不同绩效水平相联系的行为定位来对绩效维度作具体的界定。图 5—2 是一个实例。

建立行为定位评定表的步骤是：选定绩效评估因素，并对其内容进行界定；获取关键事件，可以由对工作比较熟悉的人来提供；将关键事件分配到评定要素中去；另外一组人对关键事件重新进行审定和排序，然后将两组一致的关键事件保留下来，作为最后的关键事件；对关键事件进行评定，保证关键事件与为其分配的要素和等级匹配。

（八）行为观察评价法

它是行为定位等级评价法的一种变异形式。它也是从关键事件中发展出来的一种绩效评价方法。但是，行为观察评价法与行为定位等级评价法的区别在于，行为观察法并不排斥那些不代表有效绩效和无效绩效的非关键行为，相反，它采

巡逻前的准备

7. 总是提前开始工作，不仅带齐工作所需要的所有装备，而且穿戴整齐。在点名之前抽出一段时间检查上一班巡逻人员的活动以及各种新的公文。在点名过程中，上一班巡逻人员的活动被记录下来。

6. 要装备才去，而且穿戴整齐。在点名之前检查一下前一班巡逻人员的活动情况。

5. 提前开始工作，带齐工作所需要的所有必要装备，穿戴整齐。

4. 按时参加点名，带齐工作所需要的所有必要装备，穿戴整齐。

3. 点名时还未完全穿戴整齐，没有带齐工作所需要的所有装备。

2. 点名时迟到，不检查装备或车辆是否存在损坏或需要修理的地方，不能在点名之后立即赶去工作，而是不得不回到存物间、车上或者赶回去取齐必要的工作装备。

1. 在点名时间已经大部分过去之后才赶到，不检查装备或车辆，也没有带齐工作所需的装备。

图5—2 任务—行为等级评价法所使用的评价维度：巡逻军官

用了这些事件中的许多行为来更为具体地界定构成有效绩效的所有必要行为。同时，行为观察法并不是要评价哪一种行为更好地反映了员工绩效，而是要求管理者对员工在评价期内表现出来的每一种行为的频率进行评价，最后将所得的评价结果进行平均之后得出总体的绩效评价等级。

行为观察评价法容易将高绩效者与低绩效者区分开来，能够维持客观性，便于提供反馈，便于确定培训需求，很容易被使用，如表5—3所示。

表5—3　　行为评价法

克服变革的阻力						
1. 向下属描述变革的细节						
几乎从来不	1	2	3	4	5	几乎常常如此
2. 解释为什么必须进行变革						
几乎从来不	1	2	3	4	5	几乎常常如此
3. 与员工讨论变革会给员工带来何种影响						
几乎从来不	1	2	3	4	5	几乎常常如此
4. 倾听员工的心声						
几乎从来不	1	2	3	4	5	几乎常常如此

5. 在使变革成功的过程中请求员工的帮助

几乎从来不	1	2	3	4	5	几乎常常如此

6. 如果有必要，会就员工关心的问题定一个具体的日期来进行变革之后的跟踪会谈。

几乎从来不	1	2	3	4	5	几乎常常如此

总分数＝______

很差	尚可	良好	优秀	出色
6～10	11～15	16～20	21～25	26～30

（九）组织行为修正法

通过一套正式的行为反馈与强化系统来管理员工的行为。其假设是，员工的未来行为是由其得到过正面强化的过去行为决定的。方法的组成部分是：界定一套必要的关键行为，它们对于工作绩效来说是非常重要的；运用一套衡量系统来评价这些行为是否被表现出来；管理者将这些关键行为告知员工，并且为员工制定目标，告知员工以怎样的频率来体现这些行为；向员工提供反馈，并强化正确行为。

（十）评价中心法

评价中心的方法常常被用在甄选和晋升决策中，但是，它也是一种很好的衡量绩效的方法。在评价中心中，员工需要完成大量的模拟任务，观察者对其在完成任务的过程中所表现出来的行为进行观察，然后评价他们作为一名管理者所具有的相关技能或潜力。

评价中心的优点在于，它能够对人在从事管理方面的工作的绩效提供一种比较客观的衡量，同时，还能提供特定的绩效反馈并且设计出个人化的绩效开发计划。

（十一）360°反馈

360°反馈的重点在于围绕目标个体的所有职位的人的整体观点。

360°反馈的潜在作用包括：要求员工提供反馈，促进了组织的参与；强化了领导的优良绩效。运用一套多个评定者系统，上级就可以承担起更重要的角色，如绩效指导者，而不是简单地作为绩效的判断者；增进了对领导反馈的兴趣；在领导者和他们的下级、同事、顾客和上级之间促成良好沟通；领导行为的改善；将组织文化向更具参与性和开放性变革；在正式的绩效评估中更多地关注投入；综合性强，因为它集中了多个角度的反馈信息；信息质量可靠；通过强调团队和内部/外部顾客，推动了全面质量管理；从多个人而非单个人那里获取反馈信息，可以减少偏见对考核结果的影响；从员工周围的人那里获取反馈信息，可以增强员工的自我发展意识。

缺点是这种过程在收集信息、整理和提供反馈时，为了保证评价者的匿名性和结果的保密性，花费的管理精力将比较多。员工可能会相互串通起来集体作弊；由于一个与他人大相径庭的评定者可能会显著地影响一位员工的评定情况，来自不同方面的意见可能会发生冲突，许多组织在整理结果时选择去掉最高分和最低分，而且在综合处理来自各方面的反馈信息时仍然会比较棘手。所以，解决的方法包括：向与他人大相径庭的评定者提供反馈，帮助他们修正自己的技术，有助于在以后提供更为一致的评价；匿名考核，确保员工不知道任何一位考核小组成员是如何进行考核的（但主管人员的考核除外）；加强考核者的责任意识；主管人员必须检查每一个考核小组成员的考核工作，让他们明白自己运用的考核尺度是否恰当，结果是否可靠，以及其他人员又是如何进行考核的，防止舞弊行为；有些考核人员出于帮助或伤害某一位员工的私人目的，会做出不恰当的过高或过低的评价，团队成员可能会串通起来彼此给对方做出较高的评价，主管人员就必须检查那些明显不恰当的评价；采用统计程序；运用加权平均或其他定量分析方法，综合处理所有评价；识别和量化偏见；查出与年龄、性别、民族等有关的歧视或偏爱。

从许多知名公司的经历来看，虽然360°反馈这一绩效考核系统是一种很有实用价值的绩效考核方式，但它与任何一种考核技术一样，其成功也依赖于管理人员如何处理收集到的信息，并保证员工受到公平的对待。

多个评定者的反馈系统的设计和实施常常还要依靠员工信任的程度，这样反馈就可以在保密的条件下得到处理并合理地运用。许多组织一开始只将绩效反馈提供给员工。在这段时间里，系统关注于提升绩效而不是评定绩效。一旦建立起员工的信任，多个评定者系统就可以进展到上级和员工都可以获得信息的程度。二者都可以用它来衡量绩效并为个人开发提供反馈意见。

1. 上级评估

大部分评估都是由主管上级来进行，因为上级了解下级的绩效比较容易，而且也处于很好的观察位置，同时主管人员对评价的内容也比较熟悉，处于非常有利的位置。

2. 同事评估

同事评估可以有效地预测此人将来能否在管理方面获得成功。同事的相互评价在预测晋升方面是比较准确的。在团队的地位日益显著的情况下，同事评估的地位显得越来越重要。

3. 自我评估

自我评估的价值在于，员工是最了解自身工作行为的人，他们也能够获得与他们工作有关的信息。自我评估最大的问题是评估结果会有夸大现象，所以，最好不要将自我评估用于管理的目的。在绩效反馈的前期使用，可以帮助员工思考一下自己在整个绩效管理期间的成果和失误，促进绩效面谈更好地开展。

4. 下级评估

通过下级评估的方式可以使员工参与到绩效评估的过程中，增加员工的参与度。该评估的目的在于使企业高层管理者对企业的管理风格进行诊断，认识到企业里资源方面的潜在问题，帮助主管进行管理技能的开发。

5. 顾客

在强调全面质量管理的情况下，顾客的地位越来越受到重视。在以下将要讲到的平衡计分卡中，顾客甚至成为衡量的重要维度之一。服务行业的企业很多都开始让顾客来对员工进行评价。当员工从事的工作是直接为顾客服务或与为顾客服务间接相关时，使用该评价方式最恰当。如果企业想了解顾客希望得到什么样的产品或服务，也可以采取这种方式。

6. 外部专家

必要的情况下可以聘请外部的专家来进行评估，尤其是一些技术、研发等专业性很强的职位，专家的介入评估可以增加科学性和可信度。

二、针对组织或部门的绩效评估方法

（一）目标管理法

这是以工作成果为依据来对员工的绩效进行评价的方法，是目标管理原理在绩效评估中的具体运用。在目标管理系统中，要求确定具体的、有一定难度的、客观的目标，摒弃的目标是由上级和下级一起来确定的。在整个评估期间，管理者通过反馈的方式来监控员工达到目标的过程。

当然，工作标准或目标的制定有很大的困难，很难确保什么是合适的目标，同时，工作内容的各个方面并不具有同等的可量化的特性。

目标管理法的实施步骤是：确定组织目标；确定部门目标；讨论部门目标；对预定成果的界定；工作绩效评价；提供反馈。

（二）平衡计分卡

平衡计分卡是美国哈佛商学院卡普兰教授和诺顿提出的一种建立在客户基础上的计划和程序提升系统，旨在推动组织的变革。它的核心思想就是通过财务、客户、内部经营过程、学习与成长四个方面指标之间相互驱动的因果关系实现绩效考核、绩效改进以及战略实施的目标。在组织与成员就组织战略进行沟通、提供反馈、指导员工行为达到目标的过程中，平衡计分卡扮演了重要的角色，其主要内容如图 5—3 所示。

平衡计分卡可以在不同的层级上使用。整个组织及子公司甚至在单个员工层次都可以使用。不论在何种层次，平衡计分卡方法都涉及确认业务运作的组成部

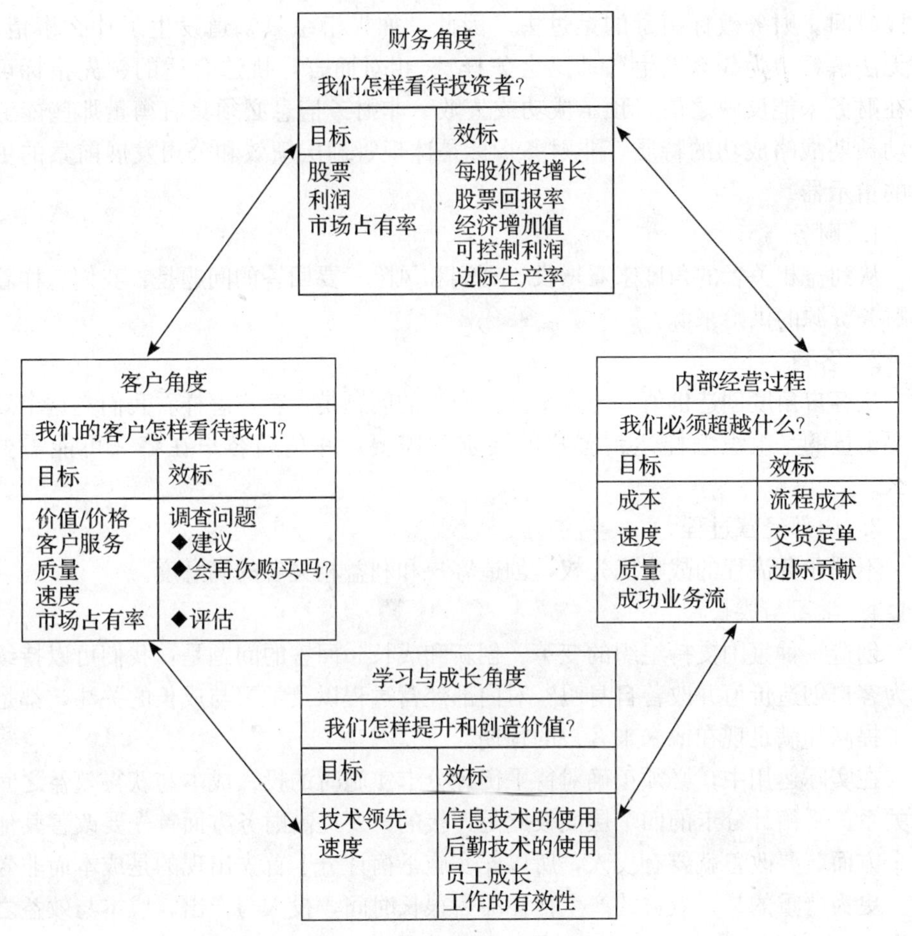

图 5—3　平衡计分卡的主要内容

分，为其设定目标，然后寻找方法衡量这些目标的进步。

平衡计分卡的实施步骤如下：将战略转化为可操作的定义，将战略操作化的工具很少，实施战略的第一步是描述战略；将组织与战略联系起来，支持财务、市场和技术；将战略作为每个人的工作，从而激励组织的动力，组织中的每个人都必须知道什么是平衡计分卡；平衡计分卡的效标可以被归类为结果效标和绩效驱动，绝大多数财务指标属于前者，因为它们反映过去决策的成果，因此，它们是滞后指标。而另一方面，绩效驱动有能力预测将来的成果，因此，它们被称为领先指标。

领先和滞后指标的概念是从经济学家处借鉴而来的。财务效标是滞后指标，因为即使是定期的信息在得出是否存在主要问题的结论时，也已经积累了一段时间。财务效标衡量的是过去。因此，如果组织只知道发生了什么事情，却无法解释“为什么发生”、“又会怎样?”相对而言，挑选合适的领先指标可以在财务未能反映之前，预示成功或失败。非财务信息必须具有衡量那些能够驱动长期战略成功的特质，非财务指标是体现管理层绩效和公司发展前景的更好的指示器。

1. 财务

从利益相关者的角度来看增长、利润和风险。要回答的问题是：我们怎样看待财务资源的供给来源?

2. 客户

从客户角度创造价值并与众不同。回答的问题是：客户怎样看我们?这个效标要衡量的是组织怎样达到客户的要求和需要，并预期客户在将来可能需要什么。

3. 内部经营过程

不同业务流程的战略优先权，创造客户和利益相关者的满意度。

4. 学习与成长

创造一种氛围支持组织的变革、创新和成长。回答的问题是：我们可以持续地为客户创造价值并改善自身吗?对内部经营过程以及学习与成长的关注，都是为了提高和满足现在或未来客户的预期。

在实际运用中，必须正确对待平衡计分卡实施时的投入成本与获得效益之间的关系。平衡计分卡的四个层面彼此是连接的，要提高财务方面首先要改善其他三个方面，要改善就要有投入，所以，实施平衡计分卡首先出现的是成本而非效益。更为严重的是，效益的产生往往滞后很长时间，投入与产出、成本与效益之间有一个时间差，这可能是6个月，也可能是12个月或更长的时间。因此，往往会出现客户满意度提高了，员工满意度提高了，效率也提高了，可财务指标却下降了的情况。关键的问题是在实施平衡计分卡的时候一定要清楚，为非财务指标的改善所投入的大量投资，在可以预见的时间内，可以从财务指标中收回，不要因为实施了6个月没有效果就没有信心了，应该将眼光放得更远些。

三、绩效评估的程序

一般而言，员工的绩效评估工作大致要经历制定评估计划、确定评估的标准和方法、收集数据、分析评估、结果运用五个阶段。

（一）制定绩效评估计划

为保证绩效评估顺利进行，必须事先制定计划，在明确评估目的的前提下，选择评估的对象、内容、时间。

（二）确定评估的标准和方法

1. 评估的标准

绩效评估必须有标准，作为分析和考察员工的尺度。如前面所述，除客观标准外，一般可分为绝对标准和相对标准。绝对标准如出勤率、废品率、文化程度等以客观现实为依据，而不以考核者或被考核者的个人意志为转移。所谓相对标准，如在评选先进时，规定10%的员工可选为各级先进，于是采取相互比较的方法，此时每个人既是被比较的对象，又是比较的尺度，因而标准在不同群体中往往就有差别，而且不能对每一个员工单独做出“行”与“不行”的评价。

一般而言，评估标准宜采用绝对标准。绝对标准又可分为业绩标准、行为标准和任职资格标准三大类。

2. 选择评估方法

在确定评估目标、对象、标准后，就要选择相应的评估方法。在第二节中我们已经介绍了多种方法，可供绩效评估时选择。

（三）收集数据

员工的绩效评估是一项长期、复杂的工作，对于作为评估基础的数据收集工作要求很高。在这方面，国外的经验是注重长期跟踪、随时收集相关数据，使数据收集工作形成一种制度。其主要做法包括：

1. 生产记录法

对生产、加工、销售、运输、服务的数量、质量、成本等，按规定填写原始记录和统计。

2. 定期抽查法

定期抽查生产、加工、服务的数量、质量，用以评定某阶段的工作情况。

3. 考勤记录法

将出勤、缺勤及原因，是否请假，一一记录在案。

4. 项目评定法

采用问卷调查形式，指定专人对员工逐项评定。

5. 减分搜查法

按职位（职位）规定应遵守的项目，定出违反规定的扣分方法，定期进行登记。

6. 限度事例法

对优秀行为或不良行为进行记录。

7. 指导记录法

不仅记录下属的权限行为，而且将其主管的意见及下属的反应也记录下来，这样既可考察下属，又可考察主管的领导工作。

（四）分析评估

这一阶段的任务是根据评估的目的、标准和方法，对所收集的数据进行分析、处理、综合。其具体过程如下：

1. 划分等级

把每一个评估项目如出勤、责任心、工作业绩等，按一定的标准划分为不同等级。一般可分为3～5个等级，如优、良、合格、稍差、不合格。

2. 对单一评估项目的量化

为了能把不同性质的项目综合在一起，就必须对每个评估项目进行量化，给不同等级赋予不同数值，用以反映实际特征。如：优为10分，良为8分，合格为6分，稍差为4分，不合格为2分。

3. 对同一项目不同评估结果的综合

在有多人参与的情况下，同一项目的评估结果会不相同。为综合这些意见，可采用算术平均法或加权平均法进行综合。仍以五等级为例，3个人对某员工工作能力的评估分别为10分、6分、2分。如采用算术平均法，该员工的工作能力应为6分。若采用加权平均法，3人分别为其上司、同事、下属，其评估结果的重要程度不同，可赋予他们不同的权重，如上司定为50%，同事定为30%，下属定为20%，则该员工的工作能力为10×50%＋6×30%＋2×20%＝7.2分，界于良与合格之间。

4. 对不同项目的评估结果的综合

有时为达到某一评估目标要考察多个评估项目，只有把这些不同的评估项目综合在一起，才能得到较全面的客观结论。一般采用加权平均法。当然，具体权重要根据评估目的、被评估人的层次和具体职务来定。

（五）结果运用

得出评估结果并不意味着绩效评估工作的结束。在绩效评估过程中获得的大量有用信息可以运用到企业各项管理活动中。

第一，利用向员工反馈评估结果，帮助员工找到问题、明确方向，这对员工改进工作、提高绩效具有促进作用。

第二，为人事决策如任用、晋级、加薪、奖励等提供依据。

第三，检查企业管理各项政策，如人员配置、员工培训等方面是否有失误，还存在哪些问题。

（六）反馈

1. 绩效评估反馈面谈

与员工就绩效评估结果进行面谈，是绩效评估反馈的主要形式之一。在绩效反馈面谈活动中，批评类的负面信息反馈往往是各级主管感到棘手的一件事。负面信息反馈往往会引起员工懊丧不满的情绪，不以为然的抵触心理，甚至还会影响他们的工作热忱。

一般情况下，员工对自己的工作往往有着良好的自我感觉。从统计标准来判断，一个团队中应该是半数人员在绩效成绩的中位数以上，半数人员在中位数以下。然而有关的调查结果却表明，大多数员工自认为自己的工作表现是属于团队前列的。例如，美国某企业对500人的问卷调查发现，58%的人认为自己的工作表现是在前10%的行列之中，81%的人认为自己是可以排在前20%的行列之内。这一现象表明，即使是非常准确地、实事求是地对员工进行绩效评估反馈面谈，也会有不少员工感到绩效评估不尽如己意，远低于自己的预期，认为评价过低，不够公平，进而产生对负面反馈信息的反感与抵制心理。这就是许多时候绩效反馈面谈难以顺利展开的基本原因。

如何有效打破员工在绩效反馈面谈时的自我防卫心态，促使员工认真听取绩效反馈意见，虚心接受一时之间有些自感不适的负面信息，以下提供的一些策略和方法在实践中被证明是十分有效的：

（1）及时反馈。绩效评估反馈应快速、及时，切勿等到问题已趋恶化，或者事情已经过去很久之后再作反馈。问题尚不严重时的善意提醒，会让人更加乐意接受；如果事情发生已久，或者事情长期被容忍，往往会使人产生习惯性的心理认可；而当在绩效反馈时再对此提出批评则会产生“为什么不早说”的反感与抵制心理。

（2）对事不对人。绩效评估反馈面谈时应遵守对事不对人的基本原则，仅仅针对所发生的具体事例提出批评，切勿从不当工作行为中引申出对个人素质方面的攻击、指责，如斥责员工“蠢笨”、“无能”等。也许某些主管认为措词严厉可以触动员工，使之认识到问题的严重性，但实际效果往往适得其反。此类做法除了引发受批评者反感与抵制心态外，并无其他更多的作用。

（3）评估反馈应明确具体，言之有据。绩效反馈面谈时切勿含糊笼统，有关评估的结果应有具体的说明。如果仅仅告知“工作态度低劣”、“工作积极性、主动性不够”，往往不易使人接受。可以换一种比较具体的提法：“我们非常关注你的工作态度问题，不管什么理由，和客户发生争吵是不应该的，这方面企业内是有明确规定的。另外，也有客户投诉说你在服务活动中不够细心。”这样说可以使员工了解之所以受到批评的具体原因是什么，使之能够耐心接受。当然，在必要时，也可以用一些有关的材料与数据佐证评估结果，促使员工改变过高的自我评估预期。

（4）反馈信息应定向于可以获得改进的个人可控行为。员工的有些行为缺点是个人短期内所无法调控的，如个人智能的不足、反应不够灵活，这类缺点问题的提出是不可能收到多大改进效果的。只有针对面谈对象所能自我掌控的行为提出改进意见，才有可能收到较好的效果。

（5）允许员工申诉并提出对评估反馈的不同意见、看法与异议。当员工对所提出的绩效评估意见不满意，应允许他们提出反对意见，绝不能强迫他们接受其所不愿接受的评估结论。绩效反馈面谈活动也应该是对有关情况作进一步深入了解的机会。如果员工的解释是合理可信的，应灵活地对有关评估进行调整修正；如果员工的解释不能令人信服，应进一步向员工作出必要的说明，通过良好的沟通交流与员工达成一定的共识。

（6）同时提出对员工的支持帮助计划。绩效评估反馈的目的并非是对某一员工盖棺定论，而是为了能更好地改进其工作。为此，在绩效反馈面谈时，不能简单化地把问题提出了事，然后一切就让员工“自己看着办”、“好自为之”，而应该与其共同研究造成工作失误的原因，通过分权、一如既往的信任表态等做法，减轻员工的心理压力；以真诚的态度商议并提出改进工作的意见与建议；并在工作活动的各个方面为员工提供支持与帮助。

绩效评估完成后，通过和员工进行会谈可以提供给员工反馈，让员工发现自己的优点和不足，以便在以后的工作中表现得更好。

2. 绩效评估后反馈面谈的步骤

（1）会谈的准备。研究员工的工作说明，将员工的工作表现与工作要求相比较，并回顾员工以前的结果。

（2）通知员工，进行准备。至少提前一个星期让员工阅读工作说明，对自己的工作进行回顾，找出工作中的难题和自己需要发展的方面。

（3）安排合适的时间和地点与员工进行会谈。普通员工的会谈可以为一小时左右，而管理者的会谈应为两至三小时左右。选择的时间和地点应不会受到干扰。会谈应选择一个比较自然的地点，员工和上级之间不应有桌子或其他物品，这样可以创造一个比较自然的气氛。会谈至少应6个月进行一次，对新员工要更加频繁。会谈应选择管理者和员工都不太繁忙的时间进行。

3. 面谈的注意事项

因为通常绩效评估的好坏和员工的上级无直接的利益关系，所以，管理者倾向于用几分钟的时间简单地告诉员工他的考核成绩。为了使考核的作用更加明显，在会谈的规程中，管理者应告诉员工：绩效评估的目的和作用，让员工明白评估并不只是用来决定薪金和晋升；绩效评估系统是怎样构建的；绩效评估是怎样实施的；管理者自己对评估过程的看法；评估的结果及其依据。

4. 面谈的程序

对评估的回顾最好从员工发表对自己工作的评价和对评估结果的看法开始。

研究证明员工积极地参与会谈会使他们对评估的结果更满意。

然后管理者交流自己的评价和评价的原因。管理者应当只谈员工的工作表现，而不要对员工的本人做出评论。当然大多数的员工都想听到好的评价，但是优秀的员工总是少数，这样负性的评价不可避免。为了让员工保持正性的自我印象，可以先说好的评价。如果管理者和员工的看法有较大的差异，双方应先认清差异的所在。

因为大多数的员工都得不到正性的评价，所以，讨论员工为什么没有得到好的评价就非常重要。可能是因为员工缺乏必要的知识和技能，员工的任务过重或是外部的原因。管理者应该明白外部的原因也会使工作表现不好，而不一定都是因为员工没有努力工作，管理者有这样的想法可以使员工更准确、有建设性地接受评估的结果，并感激管理者。

寻求解决问题的方法是会谈最难的一步。双方应讨论管理者能做什么，员工能做什么，组织能做什么，而不是把工作表现不好的责任完全推给员工。

在会谈的结尾，应当为员工以后的工作制定一个目标。管理者和员工都应明白这个目标如何能实现。目标应该是合理的、有建设性的，而且是双方共同制定的。好的目标应该有以下几方面的特点：具体、明确、有挑战性且员工认可其价值。

5. 员工对考核的评价

为了使上级对考核更为重视，评估结束后应该收集员工对上级实施考核的意见，并将其作为对上级职位评价的一部分。

员工对评估满意与否决定于三方面的因素：面谈过程不受到威胁；有机会表达自己的意见和观点，并对面谈的进程有一定的影响力；上级以一种帮助性的和建设性的态度来进行面谈。

6. 考核的书面记录

评估的书面记录应该越简短越好，因为评估成功与否的关键在于评估双方的目标和态度，而不是书面的结论。对评估的面谈的书面记录过于注重细节，则将评估的重点偏向了正式的记录，而不是评估的实质，而且也会使评估的面谈变成非常烦琐的例行公事，而不是解决问题的一个好的机会。

（七）防止绩效考核中的误差

由于绩效考评对象与考评方法的多样性，使绩效考评过程中出现各种各样的问题在所难免。绩效考评的正确性、可靠性和有效性，主要受到以下各种问题的制约和影响：

1. 分布误差

从理论上分析，员工现职的工作表现和绩效应服从于正态分布，即最好和最差占少数，中等或正常工作水平的员工占大多数。然而，在实际活动中，被考评单位的员工往往出现不服从正态分布的情形，常见的有三种：宽厚误差，或称宽松误差，即评定结果是负偏态分布，也即大多数员工被评为优良；苛严误差，或称严格、偏紧误差，即评定结果是正偏态分布，也即大多数员工被评为不合格或勉强合格；集中趋势和中间倾向，也称居中趋势，即评定结果相近，都集中在某一分数段或所有的员工被评为“一般”，使被评估者全部集中于中间水平，或者说是平均水平，没有真正体现员工之间的实际绩效存在的差异，这往往是评定标准不明确或主管在评定工作中的平均心理造成的。这种评估结果造成绩效管理的扭曲，出现“好人不好，强人不强，弱者不弱”，某些人评估结果偏高，而某些人偏低。

克服分布误差的最佳方法就是强迫分布法，即将全体员工从优到劣依次排列，然后按各分数段的理论次数分布分别给予相应的评分。

2. 晕轮误差

晕轮误差也称晕轮效应、晕圈错误、光环效应。指在评估中，因某一人格上的特征掩蔽了其他人格上的特征。例如，某评估者特别注重“交往能力”这一评价要素，因而他对“交往能力”很强的人，在其他评定要素的判断上，也容易给出很高的评分。再如，某一公司行政部经理认为，“仪表工装整洁”是评估体系中一个重要因素，当他评估一个极不注重仪表整洁的下属时，他不仅在这一项给该下属打了一个最低分，还有意或无意地殃及其他项目，使所有评价项目评分处于低水平，与该下属的实际绩效极不对称。当然，如果该下属是一个非常整洁、注重仪表的人，则可能会得到完全相反的评估结果，可谓“一叶障目，不识泰山”。

这种效应在评定工作中的主要表现是：评估者往往带有某种成见来评定，或者凭着最初、最近的印象来评估员工绩效。这种误差主要是缺乏明确、详尽的评价标准，或考评者没能按照评价标准进行评定造成的。

3. 个人偏见

个人偏见即基于被评估者个人的特性，如年龄、性别、宗教、种族、出身、地域等方面的差异，因评估者个人的偏见或者偏好的不同所带来的评估偏差。这种偏差有时利于受评人，有时则不利于受评人。比如，有些人不喜欢锋芒外露或过于沉默寡言的人，有些则不喜欢外地人或女性，那么在评分时，不论他们的表现多好，分数往往偏低。

4. 优先效应和近期效应

所谓优先效应是指评估者根据下属最初的绩效信息，对其评估期内的全部表现做出的总评价，以前期的部分信息替代全期的全部信息，从而出现了“以偏概全”的考评偏差。

所谓近期效应是指考评者根据下属最近的绩效信息，对其考评期内的全部表现做出的总评价，以近期的部分信息替代全期的全部信息，从而出现了“以近代远”的考评偏差。

这类效应可谓“以时点代时段”，“只见树木，不见森林”。

5. 自我中心效应

自我中心效应表现为评估者按照自己对标准的理解进行评价，或按照自己认为恰当的标准进行评价，因而偏离了评价标准。具体表现有两类：

(1) 对比偏差，即评估者按照自己的标准寻找被评估者与其不同的方面进行评定。当评估者对下属进行评估时，如果根据自己心目中的假设，更倾向于进行不同表现的人员比较时，就会产生对比偏差。如对乙员工进行评估时，如果前一个被评估者——甲员工被认为是表现“差”的人，那么，如果乙员工虽然表现一般，但评估者却给出很高的评分；而与被评估者认为是“表现突出”的人进行比较时，一般水平的员工有可能被评估者评定为“较差”表现的人。

(2) 相似偏差，即评估者按照自己的标准寻找被评估者与其相同的方面进行评价。当评估者在评价过程中，如果根据自己心目中的假设，更倾向于进行相同表现的人员比较时，就会产生相似偏差，如评估者认为某人是员工中的模范，这个人就成为评估者的依据，凡是与“榜样”相似的下属都可能得到很高的评分。反之，在评估者心目中某人是“极差”的，则与其相似的下属就可能有“极差”的表现评定。

自我中心效应误差的原因与晕轮效应误差相同，因此纠正的方法也相同。

6. 后继效应

后继效应也称记录效应，即被评估者在上一个评估期内评价结果的记录，对评估者在本考评期内的评价所产生的作用和影响。其原因是，评估者不能认真按照评价标准，不受上期考评记录的影响，对每个员工独立进行每一次的评价。克服的方法是，训练评估者一次只评价全体员工绩效的某一方面，然后再评价另一个方面，最后再将每个员工的所有评价结果进行汇总。

7. 评价标准对考评结果的影响

工作绩效评价标准的科学性、系统性和精确程度对评估方法即工具运用和评估的结果，具有重要的影响和制约作用。绩效评估标准不明确、不清楚、不规范是评估工具失常的主要客观原因，有时在评价量表中所列举的评价标准，表面上看是比较详细和具体的，但实际上由于各个评价因素和优良差劣的分级是完全开放式的，何种为最优，何种为最差，完全取决于评估者。因此，很可能生成不合理、不公正的考评结果。

第三节　会展业绩效评估的特殊性

会展业的绩效评估同其他行业的绩效评估相比，有一定的特殊性。主要表现在以下几个方面。

一、主要以部门或团队绩效考核为主

会展业的绩效考核一般是以部门或团队考核为主，这主要是因为会展项目基本上是以团队为单位进行运作，考核也必然以团队或部门作为考核对象，而很少把个人作为主要的对象。

二、以结果和利润为导向的考核为主

由于会展业机构大部分较小，并且以项目方式与客户结算，因此，具有明显的以结果和利润为导向的考核特征。客户的满意与否往往通过结算过程的尾款支付来体现，因此，基本上就是以客户最终的结果评判作为衡量依据，并且考核的主要目的也是以利润的最终分配为主导。

三、采用的方法相对简单、指标相对单一

由于会展业考核的目的性很明确，大部分情况下是为了针对利润的分配所进行的考核，因此，采用的考核方法相对比较简单，不会使用过于复杂的考核方法。在指标选择方面也主要集中在利润指标的完成方面，当然也包括一些客户满意度的指标。

四、绩效考核功利性过强，太过注重短期效益

会展业的特殊性导致会展业的相当部分的机构存在绩效考核功利性过强，太过于强调利润指标而忽视其他方面，如团队合作、研发等，而且也过于注重短期效益，颇有一种“今朝有酒今朝醉”的感觉。

归纳起来，会展业内的机构的绩效考核目前的普遍特性是由于机构规模较小，从业水平不高等原因所致，也是未来会展业所努力的重点所在。

复习思考题

1. 什么是绩效？什么是绩效评估？

2. 绩效评估的目的是什么？
3. 绩效评估的类型有哪些？
4. 绩效评估的方法有哪些？
5. 什么是目标管理法？什么是平衡计分卡？
6. 试简述绩效评估的程序。
7. 绩效评估的误差有哪些？如何避免？
8. 会展业绩效评估的特殊性有哪些？

第6章

会展业的劳动关系管理

导入案例　显失公平的劳动合同应当如何处理?

2003年10月，周某与某公司签订了为期1年的劳动合同。合同约定，实行计件工作制，每件产品0.5元，日定额80件。不能完成定额，将从已经加工的件数中扣除相当件数的加工费。由于周某没有加工该产品的经验，不了解加工每件产品需要花费的时间，公司招聘人员也没有相应的解释，便草草地签订了合同。在工作过程中，周某发现加工每件产品至少要花费10分钟，每天工作8小时根本无法完成定额。周某向公司提出降低劳动定额并适当增加每件产品的加工费，遭到公司拒绝。周某遂向公司提出终止劳动合同。公司告知周某，违反劳动合同必须支付违约金。双方经多次协商未果，2004年1月，周某向当地劳动争议仲裁委员会提出仲裁申请，要求终止该合同的效力。

第一节　劳动关系与劳动合同概述

一、劳动关系的内涵

（一）劳动关系的定义

劳动关系即用人单位和劳动者之间，为了实现劳动而使用劳动者的劳动力，从而形成的社会关系。根据《中华人民共和国劳动合同法》(以下简称《劳动合同法》)第七条的规定：用人单位自用工之日起即与劳动者建立劳动关系。

我们认为，劳动关系是一类特殊的社会关系，具有下列特征：

(1) 经济性，即以劳动力的让渡使用和经济补偿（就业）为目的。

(2) 平等性，即劳动关系主体之间的法律地位是平等的。

(3) 依附性，即员工对用人单位（劳动组织）的依附，这一特征显示了员工与自雇人的区别。在知识经济时代的劳动关系中，这种依附关系在发生变化，智能型职工和参股职工开始参与企业利润分配、分享企业经济信息和介入企业管理，他们对用人单位的依附性变得弹性化。

(4) 合法性，即劳动关系主体和内容的合法性，在合法劳动关系中公民劳动权益可以得到有效保护，所以，合法劳动关系也被称为正规就业。

(5) 契约性，劳动关系即用人单位和职工之间的契约关系。

(6) 有偿性，即围绕劳动报酬产生的权利义务关系，是劳动经济关系和劳动法律关系的基本特征，有偿性劳动受到法律的保护。

(7) 职业性，即职业性生产劳动，非家务劳动和自我劳动，并由此产生稳定性、技能性特征，以及对职业培训的需求。

(8) 财产关系与人身关系的交叉性，即在处理劳动力交易的财产关系的同时，必须保护劳动者的合法权益。

(9) 对立统一性，即用人单位和职工各自追求的利益不同，但只有企业生存和发展，二者利益才有保证。

(二) 劳动关系的分类

1. 根据主体和内容进行分类

这包括狭义劳动关系、相对劳动关系和广义劳动关系。狭义劳动关系是用人单位和职工在实现劳动（劳动、就业、生产、经营）过程中的社会关系，或称劳动合同关系。相对劳动关系是指与狭义劳动关系具有密切联系的社会关系，如就业政策、职业培训、社会保障、劳动争议处理等。广义劳动关系即有第三方介入的劳动关系。影响劳动关系的第三方主要是代表公共利益的政府和非政府组织。

2. 根据组织状态进行分类

这包括集体劳动关系和个体劳动关系。集体劳动关系指工人组织与用人单位之间的劳动关系，被称为有组织的劳动关系；个体劳动关系指个体职工与用人单位之间的劳动关系，被称为无组织的劳动关系。

3. 根据用人单位性质进行分类

这包括政府部门劳动关系、非政府非营利组织劳动关系和营利组织劳动关系。

4. 根据劳动关系合法与否（是否签订劳动合同）进行分类

这包括合法劳动关系和非法劳动关系。

（三）劳动关系主体和参与者

劳动关系主体（或称劳动关系当事人），指建立了劳动关系的用人单位和职工。劳动关系参与者，指职工和用人单位之外的，对劳动关系产生决定性影响的第三方，如政府和代表公共利益的非政府组织。

1. 劳动关系主体

职工（员工）是处于法定就业年龄和具有劳动能力，通过签订劳动合同建立了劳动关系的劳动者，职工与劳动者的区别在于他们与特定用人单位建立了劳动关系。职工可以是人，也可以是职工组织，如工会。

用人单位是劳动力的需求者，根据《劳动合同法》第二条规定：中华人民共和国境内的企业、个体经济组织、民办非企业单位等组织都是劳动法意义上的用人单位。国家机关、事业单位、社会团体相对于和与其建立劳动关系的劳动者，也是劳动法意义上的用人单位。此外，《劳动合同法》第九十六条还规定：除非法律、行政法规或者国务院另有规定的之外，事业单位也是劳动法意义上的用人单位。

2. 劳动关系参与者

参与劳动关系的第三方即用人单位和职工之外的人和组织，主要指代表公共利益的政府和非政府组织，它们是劳动关系的参与者。政府在劳动关系中具有两个角色：公共利益代表和国有企业用人单位。非政府组织主要指可以影响劳动关系的大型社团，如工会。

（四）劳动关系与档案关系的区别与联系

所谓档案一般指的是职工的人事档案，是劳动、组织、人事部门在招聘、录用、培训、考核、奖惩、选拔及任用过程中所形成的有关职工的个人经历、政治思想、业务技术水平、工作表现以及工作变动等情况的文件资料。是历史地、全面地考察职工的依据，是国家档案的组成部分。

劳动关系与档案关系是两种完全不同的社会关系，二者的区别是明显的，主要有以下几点：

（1）劳动关系只是在劳动过程中产生的，劳动过程是劳动关系产生的前提和基础，没有劳动过程，便不可能产生劳动关系；凡不属于劳动过程中产生的关系，都不属于劳动关系。而档案关系则是在企业对职工的档案进行管理的过程中产生的，并不是在劳动过程中产生的。

（2）劳动关系的主体是劳动者和用人单位，而档案关系的主体是企业与国家有关部门。《企业职工档案管理工作规定》第三条对此作了明确规定：企业职工档案工作，在国家档案行政管理部门宏观管理、组织协调下，由劳动主管部门领导与指导，实行分级管理，同时接受同级档案行政管理部门的监督、指导。

(3) 劳动关系既有法律上的平等性，又具有实现这种关系的隶属性。劳动关系的双方当事人，在法律上享有平等的权利，劳动者向用人单位提供劳动或服务，用人单位支付报酬，双方的权利义务在平等自愿的基础上通过劳动合同约定。但是在劳动目的的实现过程中，用人单位负有对生产的组织、指挥、协调和监督的职责，劳动者必须接受用人单位的组织指挥，遵守用人单位制定的各项规章制度和劳动规则。而档案关系则完全不具有平等性。在档案管理中，企业与职工并不是平等的关系，企业是基于法律的规定对职工档案进行管理，并不因职工的意愿而转移。企业在档案管理过程中要同时接受同级档案行政管理部门和劳动主管部门的监督指导。

虽然二者是完全不同的两种关系，但是二者却也存在一定的联系，主要表现为：

第一，劳动关系是档案关系的前提和基础，企业对职工的档案进行管理首先是因为企业与职工建立了劳动关系，其次才依照法律的规定对职工的档案进行管理。如果企业与职工之间不存在劳动关系，按照法律的规定，企业不能对职工的档案进行管理。从这二者的产生顺序上来说，是先有劳动关系，后才有档案关系。

第二，劳动关系解除后，用人单位负有义务将劳动者的档案按规定进行转移，将档案移交给职工的下一个工作单位。转移档案是用人单位负有的劳动合同解除后的义务。《劳动合同法》第五十条规定：用人单位应当在解除或者终止劳动合同时出具解除或者终止劳动合同的证明，并在十五日内为劳动者办理档案和社会保险关系转移手续。因此这一义务是法律规定的，不管用人单位与劳动者是否作出了档案转移的约定。

二、劳动合同内涵

合同也称契约，是两个或者两个以上当事人之间，就确立、变更和终止某种权利义务关系达成一致的意思表示。订立合同的形式，可以是口头形式、书面形式和其他传统方式。合同结构包括主体合同与附件，合同附件与主体合同具有同等法律约束力。主体合同，由主体资信情况和签名盖章，权利义务条款（法定条款和约定条款），生效、变更、终止条件构成。也可以附加需要说明的问题，如签约时间、地点，是否必须公证和是否协议仲裁等。

（一）劳动合同的概念与特点

劳动合同是劳动者和用人单位（企业、事业、机关、团体等）之间关于确立、变更和终止劳动权利和义务的协议。劳动者根据这种协议加入到企业、事业、机关、团体等用人单位内，成为其内部成员，承担一定种类的工作，并遵守单位的内部劳动规则和制度；用人单位应及时分配被录用者的工作，按照劳动的数量和质量支付报酬，并提供劳动法规定和双方协商的劳动条件。

劳动合同主要有三个方面的特点：劳动合同的主体特定，即双方当事人，一方是用人单位，另一方是劳动者；劳动者在劳动关系中居于从属地位；劳动合同的内容，以劳动者提供劳动、用人单位支付工资以及其他劳动待遇为中心。

（二）劳动合同的内容

劳动合同的内容是指劳动者与用人单位通过平等协商所达成的关于劳动权利和劳动义务的具体条款。它是劳动合同的核心，双方当事人必须认真对待约定的权利和义务，一经签订，即应遵守执行。劳动合同的条款包括以下几条。

1. 必备条款

这又称“法定条款”，是指由国家劳动法规所规定，双方当事人签订的劳动协议中需要具备的条款。《劳动合同法》第十七条规定：劳动合同应当具备以下条款：（1）用人单位的名称、住所和法定代表人或者主要负责人；（2）劳动者的姓名、住址和居民身份证或者其他有效身份证件号码；（3）劳动合同期限；（4）工作内容和工作地点；（5）工作时间和休息休假；（6）劳动报酬；（7）社会保险；（8）劳动保护、劳动条件和职业危害防护；（9）法律、法规规定应当纳入劳动合同的其他事项。

2. 协商约定条款

《劳动合同法》第十七条第二款规定：劳动合同除前款规定的必备条款外，用人单位与劳动者可以约定试用期、培训、保守秘密、补充保险和福利待遇等其他事项。一般说来，协商约定的其他内容可分两种：法定的协商约定条款，指依《劳动合同法》规定，经双方当事人协商认为有必要在劳动合同中加以约定的条款。补充的协商约定条款。指并非《劳动合同法》规定的协商约定的条款，完全是由双方当事人提出的认为需要协商约定的条款。例如，给职工提供住房条件、班车、托儿所、幼儿园、子女入学等有关职工福利方面的条件。这些补充的协商约定条款不得违反法律和行政法规的规定。

（三）劳动合同的分类

1. 不同形式的合同

在不同情况下，根据当事人的需求可以产生不同形式的劳动合同。主要形式包括：口头劳动合同，即由劳动关系当事人以口头约定形式产生的劳动合同，这类合同适用于当事人之间权利、义务可以短时间内解除的劳动关系，这类合同的履行只能依据当事人的信誉和相互信任。《劳动合同法》第六十九条规定：非全日制用工双方当事人可以订立口头协议。书面劳动合同，是要式合同，即依法律规定的书面形式产生的劳动合同，书面劳动合同可以是格式劳动合同和商议劳动合同相结合的结果。《劳动合同法》第十条规定：建立劳动关系，应当订立书面劳动合同。劳动关系是持续性的社会关系，很多国家包括我国在内的劳动法律规定一般情形下劳动合同必须采用书面形式。

2. 不同期限的合同

劳动合同的期限，是企业根据生产需要，进行劳动力配置的手段；也是劳动者根据自己的职业生涯设计，分期实现就业权的手段。《劳动合同法》第十二条规定：劳动合同分为固定期限劳动合同、无固定期限劳动合同和以完成一定工作任务为期限的劳动合同。第十三条规定：固定期限劳动合同，是指用人单位与劳动者约定合同终止时间的劳动合同；第十四条规定：无固定期限劳动合同，是指用人单位与劳动者约定无确定终止时间的劳动合同；第十五条规定：以完成一定工作任务为期限的劳动合同，是指用人单位与劳动者约定以某项工作的完成为合同期限的劳动合同。一般说来，以完成一定工作任务为期限的劳动合同比较适用于会展业。

3. 不同就业方式的劳动合同

不同就业方式的劳动合同，是根据企业内部和外部劳动力市场的弹性发展趋势和新的就业促进策略产生的劳动合同种类。包括全日制和非全日制劳动合同。全日制劳动合同，即依国家法定劳动时间的规定，从事全时工作的合同；非全日制劳动合同，即依国家法定劳动时间的规定，从事部分时间工作的合同。在欧洲国家的大学里，对助教适用各种类型的部分时间劳动合同，如1/10劳动合同（一周半天）、1/5劳动合同（一周一天）、2/5劳动合同（一周两天）。全职劳动合同和兼职劳动合同。全职劳动合同，即全日制工作（含非固定工作时间的工作），并对兼职加以限制的劳动合同；兼职劳动合同，即部分劳动时间，具有第二（或者以上）职业特征的劳动合同；季节劳动合同，即工种需要按照不同季节发生的劳动合同；借用和派遣劳动合同，借用劳动合同，即依企业之间合作协议，在一定期限内互派工作人员的合同，职工的劳动关系不变，但是职位和工作条件随企业之间合作协议而发生变更；劳务派遣劳动合同，即跨地区和跨企业之间劳动调配使用情况下的劳动合同，劳务派遣劳动合同，应当详细规定被派遣职工的权益转移问题。

4. 不同身份的合同

不同身份的劳动合同，是依据不同国情产生的劳动合同种类，即城镇职工与农民工劳动合同。城镇职工劳动合同，即企业招用城市劳动力时签订的劳动合同，该合同不涉及户口、粮油和用工指标问题；农民工劳动合同，即企业招用农村富余劳动力时签订的劳动合同。在城乡区别较大的发展中国家，来自城市和来自农村的劳动者形成身份上的差别，他们的工资待遇和社会保险待遇不同。随着社会的发展，其中的差别将逐渐缩小。

公共部门与私营部门劳动合同，公共部门劳动合同，即国家经营企业（有些国家含事业机构）与职工签订的劳动合同；私营部门劳动合同，即私人经营企业与职工签订的劳动合同。在市场经济体制下，国家经营的企业为公共部门，股份公司、私营公司和个体经济均为私营部门，二者在工资待遇和社会保险待遇等方面有差距。在有些国家，公共部门和私营部门分别实行不同的工资谈判制度和养老保险制度。学徒劳动合同与学生劳动合同，学徒劳动合同，即在青年工人就业培训期间与企业签订的劳动合同，该合同具有工作和培训双重特征；学生劳动合同，即法律允许范围内，与在校学生签订的劳动合同，通常根据不同种类的学生限定其劳动时间。随着我国经济体制改革的不断深入，身份问题将逐步淡化，最终将构建一个完全消除身份差别的和谐社会。

第二节　劳动合同的应用

一、劳动合同的订立和履行

（一）劳动合同的原则

我国《劳动合同法》第三条规定：订立劳动合同，应当遵循合法、公平、平等自愿、协商一致、诚实信用的原则。所谓平等，是指劳动合同双方当事人在签订劳动合同时的法律地位是平等的。只有在法律地位平等的基础上订立、变更劳动合同条款，才具有协商的前提条件。所谓自愿，是指劳动合同双方当事人应完全出于自己的意愿而签订劳动合同。

另外，合法原则具体包括三个方面：主体合法，即订立劳动合同的当事人必须具备合法的资格；内容合法，即劳动合同的各项条款须符合国家有关法律法规的规定；订立合同的程序和形式要符合法律的要求。所谓协商一致是指用人单位与劳动者签订劳动合同必须通过平等协商具体条款而确定。所谓诚实信用是指用人单位和劳动者彼此都必须如实告知对方相关的事实，而不能弄虚作假，故意隐瞒事实。

（二）无效劳动合同的定义

劳动者与用人单位所订立的违反劳动法律、法规的劳动合同视为无效劳动合同。这种合同从订立时起就不具有法律效力，不受法律保护。根据我国《劳动合同法》第二十六条的规定，下列劳动合同无效或者部分无效：

（1）以欺诈、胁迫的手段或者乘人之危，使对方在违背真实意思的情况下订立或者变更劳动合同的。欺诈是指劳动合同当事人一方故意捏造、歪曲事实，掩盖事物本来面目，使另一方当事人误认为是事实而签订合同。胁迫是指当事人一方以给对方当事人造成人身伤害或财产损失进行逼迫，致使对方屈服其压力，作出违反自己真实意思表示的承诺而签订合同。欺诈、胁迫都是用违法手段来达到签订劳动合同的目的，违反平等自愿、协商一致的原则，属于无效法律行为。

(2) 用人单位免除自己的法定责任、排除劳动者权利的。订立劳动合同，除了部分条款可以根据用人单位和劳动者协商的结果签订之外，相当部分都是《劳动合同法》所规定的法定必备条款，如果用人单位免除了自己的法定责任，排除劳动者的权利的，应当视为无效，例如用人单位和劳动者在合同中约定：劳动者违章作业导致在工作中受伤的单位概不负责，就是属于无效条款。

(3) 违反法律、行政法规强制性规定的。我国《劳动合同法》是保护劳动者的合法权益、调整劳动关系、建立和维护适应社会主义市场经济的劳动制度的保障，是签订劳动合同的准绳。因此，劳动合同必须合法，否则无效。

《劳动合同法》第二十七条规定：劳动合同部分无效，不影响其他部分效力的，其他部分仍然有效。对劳动合同的无效或者部分无效有争议的，由劳动争议仲裁机构或者人民法院确认。

（三）劳动合同的履行

劳动合同的履行是指劳动者和用人单位按照劳动合同的约定，履行双方各自的义务和享受权利。劳动合同依法订立后即具有法律约束力，双方当事人必须履行合同所规定的义务。例如，劳动者应完成工作任务、遵守劳动纪律和用人单位的内部劳动规则等；用人单位应支付劳动报酬、提供安全卫生的劳动条件等。这些都属于履行劳动合同的行为。

劳动合同的履行必须遵循实际履行和全面履行的原则。所谓实际履行原则是指劳动合同双方当事人都必须按照合同条款规定的义务实际履行合同。所谓全面履行原则是指劳动合同双方当事人都必须严格、全面地履行合同规定的义务和责任。这两条履行原则既有内在联系又有区别。前者是指合同履行的义务要求问题，后者是指合同诸条款的内在联系及履行的要求问题。它们是区别劳动合同是否履行的标准，也是确定违约程度和违约责任的准则。

我国《劳动合同法》第三十四条规定：用人单位发生合并或者分立等情况，原劳动合同继续有效，劳动合同由承继其权利和义务的用人单位继续履行。第三十五条又规定：用人单位与劳动者协商一致，可以变更劳动合同约定的内容。变更劳动合同，应当采用书面形式。

劳动合同签订后，在履行过程中，由于某种原因，经双方当事人协商一致，可以对原合同条款进行修改或补充。它仅限于劳动合同内容的变更，不包括当事人主体的变更。劳动合同依法订立后，即具有法律约束力，双方当事人必须履行劳动合同规定的义务，任何一方当事人都不得擅自变更劳动合同的内容。

变更劳动合同时，一般经过以下三个程序：

1. 提出要求

要求变更劳动合同的一方当事人，应事先向对方提出，并说明情况和理由，请对方在限期内答复。

2. 作出答复

接到变更劳动合同要求的另一方当事人，应在规定的限期内给予答复，表示同意或不同意变更，或提出建议再协商解决。

3. 签订协议

双方当事人意思表示取得一致后，签订变更劳动合同的书面协议，经签字盖章，立即生效。

变更劳动合同和订立时一样，也必须依照平等自愿、协商一致的原则。如果单方将自己的意志强加给对方，擅自变更，必然损害另一方的劳动权益。因此，只有遵循平等自愿、协商一致的原则修改、补充合同条款，真实地反映双方当事人的意志，才具有法律效力。双方按劳动合同变更条款，各自履行自己的义务。

二、劳动合同的解除

劳动合同的解除指在劳动合同订立后、尚未履行完毕之前，提前终止合同效力的法律行为。它可分为法定解除和协商解除两种。法定解除是指因发生法律、法规或劳动合同规定的情况，提前终止劳动合同的法律效力。协商解除是指双方当事人因某种原因，协商同意提前终止劳动合同的法律效力。劳动合同解除可以是双方的法律行为，也可以是单方的法律行为。

（一）双方协商解除劳动合同

我国《劳动合同法》第三十六条规定：用人单位与劳动者协商一致，可以解除劳动合同。当事人一方要求解除劳动合同，应事先向对方提出要求，经过双方协商一致，同意解除劳动合同，才可以解除。双方当事人应按照要约、承诺的程序签订劳动合同解除的书面协议。

（二）用人单位提前解除劳动合同

我国《劳动合同法》第三十九条、第四十条规定了允许用人单位解除劳动合同的法定条件。

1. 允许用人单位解除劳动合同的情况

劳动者有以下六种情况之一者，用人单位可以解除劳动合同：（1）在试用期间被证明不符合录用条件的；（2）严重违反用人单位的规章制度的；（3）严重失职，营私舞弊，给用人单位造成重大损害的；（4）劳动者同时与其他用人单位建立劳动关系，对完成本单位的工作任务造成严重影响，或者经用人单位提出，拒不改正的；(5) 因本法第二十六条第一款第一项规定的情形致使劳动合同无效的；(6) 被依法追究刑事责任的。

上述六种情况是由于劳动者本身的原因所造成的，应允许用人单位解除劳动合同，且不给予经济补偿。

2. 用人单位应提前通知劳动者解除劳动合同的情况

我国《劳动合同法》规定：(1) 劳动者患病或者非因工负伤，在规定的医疗期满后不能从事原工作，也不能从事由用人单位另行安排的工作的；(2) 劳动者不能胜任工作，经过培训或者调整工作岗位，仍不能胜任工作的；(3) 劳动合同订立时所依据的客观情况发生重大变化，致使劳动合同无法履行，经用人单位与劳动者协商，未能就变更劳动合同内容达成协议的。这三种情况，解除劳动合同的原因并非劳动者个人过错，用人单位提前三十日以书面形式通知劳动者本人或者额外支付劳动者一个月工资后，可以解除劳动合同，让劳动者自行进入劳动力市场，寻找合适的劳动职位。但是用人单位应依法给予经济补偿。

3. 用人单位经济性裁减人员

我国《劳动合同法》第四十一条规定：有下列情形之一，需要裁减人员二十人以上或者裁减不足二十人但占企业职工总数百分之十以上的，用人单位提前三十日向工会或者全体职工说明情况，听取工会或者职工的意见后，裁减人员方案经向劳动行政部门报告，可以裁减人员：(1) 依照企业破产法规定进行重整的；(2) 生产经营发生严重困难的；(3) 企业转产、重大技术革新或者经营方式调整，经变更劳动合同后，仍需裁减人员的；(4) 其他因劳动合同订立时所依据的客观经济情况发生重大变化，致使劳动合同无法履行的。

为了指导用人单位依法正确行使裁减人员的权利，我国《劳动合同法》第四十一条还规定：裁减人员时，应当优先留用下列人员：(1) 与本单位订立较长期限的固定期限劳动合同的；(2) 与本单位订立无固定期限劳动合同的；(3) 家庭无其他就业人员，有需要扶养的老人或者未成年人的。用人单位依照本条第一款规定裁减人员，在六个月内重新招用人员的，应当通知被裁减的人员，并在同等条件下优先招用被裁减的人员。

4. 用人单位不得解除劳动合同的情况

为了保护劳动者的合法权益，正确处理劳动关系，我国《劳动合同法》除了规定用人单位可以解除劳动合同的情况外，还专门规定不得解除劳动合同的情况。

《劳动合同法》第四十二条规定：劳动者有下列情形之一的，用人单位不得依照本法第四十条、第四十一条的规定解除劳动合同：(1) 从事接触职业病危害作业的劳动者未进行离岗前职业健康检查，或者疑似职业病病人在诊断或者医学观察期间的；（2）在本单位患职业病或者因工负伤并被确认丧失或者部分丧失劳动能力的；（3）患病或者非因工负伤，在规定的医疗期内的；（4）女职工在孕期、产期、哺乳期的；（5）在本单位连续工作满十五年，且距法定退休年龄不足五年的；（6）法律、行政法规规定的其他情形。

（三）劳动者提前解除劳动合同

为了保障劳动者择业自主权，促进人才合理流动，我国《劳动合同法》第三十七条、第三十八条明确规定了劳动者提前解除劳动合同的情况，有以下两种：

1. 劳动者提前通知用人单位解除劳动合同的情况

我国《劳动合同法》第三十七条规定：劳动者提前三十日以书面形式通知用人单位，可以解除劳动合同。劳动者在试用期内提前三日通知用人单位，可以解除劳动合同。这条规定的宗旨主要是保护劳动者在劳动关系中所处的弱者地位，维护劳动者择业自主权。在劳动者参加某单位工作后，由于主、客观原因不愿继续在该单位工作，可提前30日以书面形式通知用人单位解除劳动合同，在试用期内提前三天通知用人单位。这样规定，不仅可以保障劳动者享有选择职业的权利，充分发挥其劳动的主动性、积极性和创造性，还有利于促使劳动力合理流动，优化劳动力资源配置，同时也有利于用人单位做好人员替换工作。

2. 劳动者随时通知用人单位解除劳动合同的情况

我国《劳动合同法》第三十八条规定：用人单位有下列情形之一的，劳动者可以解除劳动合同：（1）未按照劳动合同约定提供劳动保护或者劳动条件的；（2）未及时足额支付劳动报酬的；（3）未依法为劳动者缴纳社会保险费的；（4）用人单位的规章制度违反法律、法规的规定，损害劳动者权益的；（5）因本法第二十六条第一款规定的情形致使劳动合同无效的；（6）法律、行政法规规定劳动者可以解除劳动合同的其他情形。在上述情形下，由于劳动者有正当理由而提出解除劳动合同，因此，没有必要再设立解除劳动合同的附加条件，只要随时通知用人单位即可解除劳动合同。

（四）劳动合同解除必须通知工会

我国《劳动合同法》第四十三条规定：用人单位单方解除劳动合同，应当事先将理由通知工会。用人单位违反法律、行政法规规定或者劳动合同约定的，工会有权要求用人单位纠正。用人单位应当研究工会的意见，并将处理结果书面通知工会。用人单位提前解除劳动合同时，必须征求本单位工会意见，工会认为不适当的，有权提出意见。如果用人单位违反法律、法规或者劳动合同，工会有权要求重新处理；劳动者申请仲裁或者提起诉讼的，工会应当依法给予支持和帮助。

（五）用人单位提前解除劳动合同的经济补偿

我国《劳动合同法》第四十六条规定：有下列情形之一的，用人单位应当向劳动者支付经济补偿：（1）劳动者依照本法第三十八条规定解除劳动合同的；（2）用人单位依照本法第三十六条规定向劳动者提出解除劳动合同并与劳动者协商一致解除劳动合同的；（3）用人单位依照本法第四十条规定解除劳动合同的；（4）用人单位依照本法第四十一条第一款规定解除劳动合同的；（5）除用人单位维持或者提高劳动合同约定条件续订劳动合同，劳动者不同意续订的情形外，依照本法第四十四条第一项规定终止固定期限劳动合同的；（6）依照本法第四十四条第四项、第五项规定终止劳动合同的；（7）法律、行政法规规定的其他情形。

关于经济补偿金的标准，我国《劳动合同法》第四十七条规定：经济补偿按劳动者在本单位工作的年限，每满一年支付一个月工资的标准向劳动者支付。六个月以上不满一年的，按一年计算；不满六个月的，向劳动者支付半个月工资的经济补偿。劳动者月工资高于用人单位所在直辖市、设区的市级人民政府公布的本地区上年度职工月平均工资三倍的，向其支付经济补偿的标准按职工月平均工资三倍的数额支付，向其支付经济补偿的年限最高不超过十二年。本条所称月工资是指劳动者在劳动合同解除或者终止前十二个月的平均工资。

用人单位在解除劳动合同后，未按规定给予劳动者经济补偿的，除全额发给经济补偿金外，还应按该经济补偿金数额的50%以上100%以下支付赔偿金。

三、劳动合同的终止

劳动合同的终止是指劳动合同双方当事人约定的期限已到或法定终止的条件出现，立即消灭劳动合同的法律效力。在劳动合同签订后，双方当事人不得随意终止劳动合同。只有法律规定的情况出现，劳动合同才能终止。因此，我国《劳动合同法》第四十四条规定：有下列情形之一的，劳动合同终止：（1）劳动合同期满的；（2）劳动者开始依法享受基本养老保险待遇的；（3）劳动者死亡，或者被人民法院宣告死亡或者宣告失踪的；（4）用人单位被依法宣告破产的；（5）用人单位被吊销营业执照、责令关闭、撤销或者用人单位决定提前解散的；（6）法律、行政法规规定的其他情形。

第三节　劳动合同履行过程中的关键

一、确定劳动关系的内容

用劳动合同的方式确定和确认双方主体资格，需要做好以下两项工作，即签名和约定劳动合同变更、解除和终止的条件与程序。

1. 劳动合同签名的法律意义

在劳动合同书上签名是一种具有法律意义的意思表示，即表示对劳动关系对方的信任和对合同规定的权利、义务及行为规则的承认，对自己履行相应义务和承担相应责任的书面承诺，这些都是劳动合同成立，即劳动关系双方合意产生的必要条件。

2. 约定劳动合同变更、解除和终止的条件与程序的法律意义

劳动合同法对劳动合同变更、解除和终止的一般条件和程序均已经作出规定，留给劳动合同的工作是在法定条件之外，约定双方都可以接受的条件。

二、规定权利、义务的内容

劳动合同的内容即通过合同条款表述出来的劳动合同当事人的权利和义务，其安排是根据用人单位的生产和服务目标来确定的，同时也要体现对员工的培养和保护。

（一）劳动合同双方当事人的权利

1. 用人单位权利

用人单位有权提出职位要求和考核标准，规定适用期，制定薪酬计划，实施生产经营和人力资源的管理，向员工提供必要的信息，按照我国《公司法》的规定建立员工董事制度等。

2. 劳动者权利

劳动者有权提出择业择岗要求，参与薪酬计划的制定和生产经营管理，提出个人薪酬和劳动条件要求，要求单位提供和分享必要的信息等；担任员工董事和工会委员工作的劳动者享有特殊的法律保护。

（二）劳动合同双方当事人的义务

1. 用人单位义务

（1）用人单位有提供工作职位的义务，有按照薪酬计划支付劳动报酬的义务。这是用人单位的基本义务，由劳动合同的性质所决定。劳动报酬的支付标准、支付方法和地点等皆在合同中规定，但不得违背国家有关最低工资的法律规定。

（2）提供劳动保护的义务。劳动者在用人单位的指挥、管理下进行劳动，用人单位就应该负责提供各种劳动条件和保护措施，包括提供生产和工作条件，如工作场所、生产设备等其他便利条件；提供劳动保护设备；提供保险福利待遇；提供休假等。

（3）保障权利、义务。用人单位应该保障劳动者作为公民享有的各种权利，

如劳动者的结社权、参与权、知情权等，用人单位应该为其提供时间和物质的保证，最重要的是制度保障。

2. 劳动者义务

（1）劳动给付义务。这是劳动者的首要义务，由劳动合同的性质所决定。包括劳动给付的范围、时间、地点。劳动者必须按照约定的时间、地点亲自提供劳动，有权拒绝做约定范围以外的工作。

（2）忠实义务。包括：保守用人单位经营业务领域或技术工艺方面的秘密；在合同规定的时间和地点内，服从用人单位或其代理人的指挥和管理，并接受其监督；爱护用人单位交给使用的原材料和机器设备等义务。劳动者由于个人责任，使劳动合同义务不能履行或不能完全履行时，应负适当赔偿责任，但不是足额赔偿。

三、劳动合同的法定条款详解

劳动合同的法定条款，也称必备条款，指依法产生的，在合同书中必须具有明确意思表示的内容。根据我国《劳动合同法》第十七条的规定，劳动合同的必备条款为：

1. 用人单位的名称、住所和法定代表人或者主要负责人

这是要求用人单位明确用人的主体、所在地以及法人代表和主要负责人，以便劳动者可以知晓真正的劳动力使用方是谁，在哪里和具体找到哪一位。

2. 劳动者的姓名、住址和居民身份证或者其他有效身份证件号码

为了公平起见，劳动者也必须在劳动合同上表述清楚相关的内容，便于用人单位知晓劳动者究竟是哪一位。

3. 劳动合同期限

根据《劳动法》的规定，劳动合同期限分为三种类型，即：无固定期限；固定期限；以完成一定工作任务为期限。

（1）无固定期限的劳动合同，无固定期限的劳动合同在法定情形下才能终止，《劳动合同法》第十四条规定：有下列情形之一，劳动者提出或者同意续订、订立劳动合同的，除劳动者提出订立固定期限劳动合同外，应当订立无固定期限劳动合同：劳动者在该用人单位连续工作满十年的；用人单位初次实行劳动合同制度或者国有企业改制重新订立劳动合同时，劳动者在该用人单位连续工作满十年且距法定退休年龄不足十年的；连续订立二次固定期限劳动合同，且劳动者没有本法第三十九条和第四十条第一项、第二项规定的情形，续订劳动合同的。用人单位自用工之日起满一年不与劳动者订立书面劳动合同的，视为用人单位与劳动者已订立无固定期限劳动合同。

（2）固定期限的劳动合同，即在劳动合同中规定终止日期的合同。合同的期限可以根据企业的生产需要采取长、中和短的期限。

（3）以完成一定工作任务为期限的劳动合同，即合同的期限与完成某项工作任务的日期联系在一起。

4．工作内容和工作地点

定编、定岗、定人、定责和绩效考核是用工单位进行劳动管理的必要环节。

定岗是基于劳动者的职位发生的工作数量、质量和责任的要求。得到工作职位是职工的权利，按照合同规定完成工作任务是职工的义务；提供工作职位是用人单位的义务。

工作任务一般基于工作职位产生。用工单位根据工作职位进行劳动管理，提出工作数量、质量和责任的要求是用人单位的权利。在实践中，对体力型劳动者、技能型劳动者和智能型劳动者的职位要求是不同的；对管理人员和操作人员的职位要求也是不同的。

考核即职位绩效考核。这类考核需要科学、合理的考核标准和程序，包括量化标准和非量化标准，共性标准和个性标准。

上述内容在劳动合同的条款中不需要详细规定，只有最明确的概念表述，如销售人员等；其具体内容存在于用人单位的人力资源管理方案中，通常作为劳动合同的附件伴随劳动合同发生法律约束力。另外，当员工担任员工董事和工会委员等职务时，依据相关法律，用人单位应当为其提供工作条件，并不得随意改变他们的工作和与他们解除劳动关系。

工作地点是明确劳动者在哪里实施具体的劳动。

5．工作时间和休息休假

这是为了保护劳动者的合法权益，要用合同条款明确具体的工作时间和休息休假的时间。

6．劳动报酬

劳动报酬，是劳动合同的核心条款，依当事人协商而定，包括集体协商和个人的协商。最低工资问题不需要进入劳动合同，劳动合同需要根据用人单位的薪酬计划规定员工个人的薪酬待遇，包括当期工资、奖金和延期分配的员工福利和股票期权等。在劳动合同中，劳动报酬条款是不完善的条款，是基于国家最低工资法律和用人单位薪酬计划而产生的一个承诺。就当期工资来讲，它是一个完善的条款；就延期支付的福利收入而言，它是不完善的，员工为此要承担一定的风险。

7．社会保险

这是要求用人单位和劳动者在劳动合同中明确社会保险的缴纳基数和缴纳标

准、缴纳哪些社会保险项目，如养老、医疗、失业、工伤、生育等。

8. 劳动保护、劳动条件和职业危害防护

劳动保护和劳动条件，主要是指在工作地建立劳动保护制度和提供劳动保护设施，预防生产事故和职业病，为职工提供安全卫生的劳动条件。这一条款反映用人单位在执行国家劳动保护法律和标准，保护职工安全与健康方面的义务；同时反映职工依据劳动法获得安全卫生保护的权利。例如，用人单位根据企业性质和职位要求向职工发放劳动保护用品，提供通风、采光条件好，防止有毒有害物质的设施等。书面劳动合同中的这一条款常常是潜在的，大量的实体法内容和标准存在于国家的法律和规章当中。

9. 法律、法规规定应当纳入劳动合同的其他事项

这项条款是兜底条款，是为了今后劳动合同法或者相关规定的修订或者进一步出台而准备的。

四、劳动合同的约定条款详解

由于劳动合同约定条款是针对具体人和具体事项的规定而具有个性化特征，所以，需要以明确的语言和文字在合同书中作出明确和详细的表述。劳动合同当事人需要进行协商的劳动关系事项主要包括如下内容：

（一）试用期

《劳动合同法》第十九条规定：劳动合同期限三个月以上不满一年的，试用期不得超过一个月；劳动合同期限一年以上不满三年的，试用期不得超过二个月；三年以上固定期限和无固定期限的劳动合同，试用期不得超过六个月。同一用人单位与同一劳动者只能约定一次试用期。以完成一定工作任务为期限的劳动合同或者劳动合同期限不满三个月的，不得约定试用期。试用期包含在劳动合同期限内。劳动合同仅约定试用期的，试用期不成立，该期限为劳动合同期限。第二十条规定：劳动者在试用期的工资不得低于本单位相同岗位最低档工资或者劳动合同约定工资的百分之八十，并不得低于用人单位所在地的最低工资标准。第二十一条规定：在试用期中，除劳动者有本法第三十九条和第四十条第一项、第二项规定的情形外，用人单位不得解除劳动合同。用人单位在试用期解除劳动合同的，应当向劳动者说明理由。

试用期是针对劳动合同标的特殊性（劳动力附在劳动者身上）而产生的特殊条款。在劳动合同的试用期限，用人单位和劳动者均可以考核对象要约条件的真实性和自己的适应性。在适用期间，双方当事人的权利均受到一定的限制，并具有解除劳动合同的权利。

试用期发生在劳动合同的有效期限内。在劳动合同之外订立的试用期合同，

如果严重损害当事人的合法权益和缺少法定内容就是无效劳动合同。

（二）培训

《劳动合同法》第二十二条规定：用人单位为劳动者提供专项培训费用，对其进行专业技术培训的，可以与该劳动者订立协议，约定服务期。劳动者违反服务期约定的，应当按照约定向用人单位支付违约金。违约金的数额不得超过用人单位提供的培训费用。用人单位要求劳动者支付的违约金不得超过服务期尚未履行部分所应分摊的培训费用。用人单位与劳动者约定服务期的，不影响按照正常的工资调整机制提高劳动者在服务期期间的劳动报酬。

（三）保守商业保密

《劳动合同法》第二十三条规定：用人单位与劳动者可以在劳动合同中约定保守用人单位的商业秘密和与知识产权相关的保密事项。对负有保密义务的劳动者，用人单位可以在劳动合同或者保密协议中与劳动者约定竞业限制条款，并约定在解除或者终止劳动合同后，在竞业限制期限内按月给予劳动者经济补偿。劳动者违反竞业限制约定的，应当按照约定向用人单位支付违约金。

（四）补充保险和福利待遇

我国《劳动法》鼓励用人单位举办员工福利计划，为员工提供补充养老保险和医疗保险。其缴费方式和水平、个人账户的管理、风险责任和支付方式均可以在劳动合同中加以规定。另外，《劳动合同法》第五十一条规定：企业职工一方与用人单位通过平等协商，可以就劳动报酬、工作时间、休息休假、劳动安全卫生、保险福利等事项订立集体合同。集体合同草案应当提交职工代表大会或者全体职工讨论通过。集体合同由工会代表企业职工一方与用人单位订立；尚未建立工会的用人单位，由上级工会指导劳动者推举的代表与用人单位订立。第五十二条还规定：企业职工一方与用人单位可以订立劳动安全卫生、女职工权益保护、工资调整机制等专项集体合同。因此在订立劳动合同时还可以就本企业的集体或者个人特殊福利待遇问题进行协商，以明示的条款规定下来。

五、劳动合同管理

劳动合同管理指用人单位就员工招聘与管理，按照劳动合同订立、变更、解除、终止和续订等五个环节分别建立的台账式工作程序和操作要求。负责劳动合同管理的主要是用人单位的人力资源管理部门和财务部门。进行劳动合同管理的基本要求包括如下内容：

（一）及时建立文件

企业根据每个员工的劳动合同订立、变更、解除、终止和续订发生时间及时为其建立文件，并准确输入和妥善保管相关信息。例如，劳动合同开始时间就是一个十分重要的信息。

（二）及时清理信息

当员工的劳动合同发生变更、解除、终止或续订时，应当及时更换信息和保管新的信息，以便使劳动关系正常发展，企业生产正常进行。如果劳动合同的事实发生变化后不能及时清理，将导致劳动关系混乱，影响企业生产和侵犯员工利益。在清理劳动合同信息时应当依法向员工发送相关信息，如终止劳动合同提前通知单、变更后的劳动合同内容或条款内容、解除劳动合同提前通知单等。

（三）及时备案或转移

及时备案指用人单位在结束招工程序和签订劳动合同时，应当按照有关规定向政府主管部门（如劳动和社会保障局）或相关社团组织备案。《劳动合同法》第五十条规定：用人单位应当在解除或者终止劳动合同时出具解除或者终止劳动合同的证明，并在十五日内为劳动者办理档案和社会保险关系转移手续。劳动者应当按照双方约定，办理工作交接。用人单位依照本法有关规定应当向劳动者支付经济补偿的，在办结工作交接时支付。用人单位对已经解除或者终止的劳动合同的文本，至少保存二年备查。

（四）建立电子文件管理系统

建立劳动合同电子文件管理系统是现代企业人力资源管理的必要条件。它可以及时、准确地处理劳动关系和长期妥善保管劳动合同文件；可以提高劳动合同管理工作的效率，并可以降低管理成本；它是用人单位与劳动者联结劳动力市场、社会保障服务系统、政府主管部门和相关组织的通道。

第四节　会展业劳动关系管理的特殊性

会展业由于其人力资源管理方面的特殊性，也必然导致劳动关系管理方面的特殊性。

一、主要以完成一定工作任务所需时间为合同期限

由会展业工作性质所决定，会展业中必然有相当部分的员工是“人随项目走”，因此，会大量使用“以完成一定工作任务所需时间为合同期限”的劳动合同。这类合同在签订过程中，可能就是一个项目劳务合同，如在合同期限的约定过程中可以这样表述：“以成功举办 2010 年世博会作为本合同终止的时间”，当然在合同中还必须注明对“成功举办”的定义。

二、可能存在大量口头劳动合同

我国现行的《劳动合同法》在非全日制用工过程中承认口头劳动合同的法律效力，第六十九条规定：非全日制用工双方当事人可以订立口头协议。但是，为了妥善起见，最好还是签订书面的劳动合同，从而可以保证双方当事人的权利，履行双方当事人的义务。

三、可能存在大量的非全日制劳动合同

由于会展业的特殊性，会大量使用非全日制的劳动力，即我们平时所称的“兼职”，而“兼职”的劳动者是否与用人单位之间存在劳动关系一直是学术界讨论的问题。有的学者甚至称其为“特殊劳动关系”，以区别于标准的劳动关系。在实践中要注意对非全日制劳动合同的规范，同时也注意对非全日制劳动者的劳动保护，防止在工作中出现伤亡事故，否则也是相当麻烦的事。

四、大量存在劳务派遣行为

劳务派遣是由劳务派遣机构（一般称为“劳务公司”）与派遣员工（劳动者）签订劳动合同，然后向用工单位（实际使用单位）派出该员工，接受用工单位的指挥、监督，实现劳动的一种特殊的劳动力使用方式，其关系如图 6—1 所示。

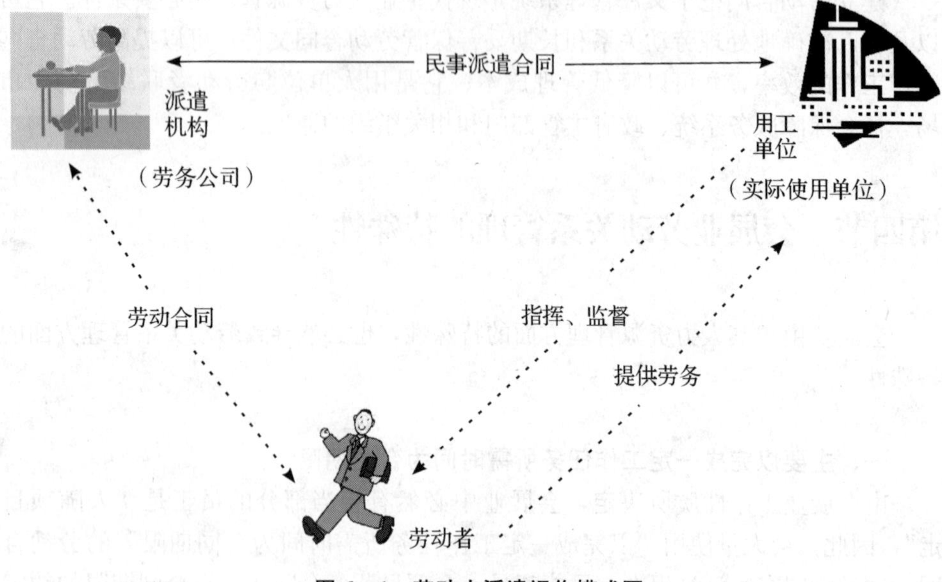

图 6—1　劳动力派遣运作模式图

资料来源：董保华：《劳动力派遣》，20 页，北京，中国劳动社会保障出版社，2007。

在劳务派遣机构、用工单位及劳动者这样的三角关系之间，劳务派遣机构与用工单位为商务契约关系，彼此约定劳务的提供与购买，劳务派遣机构与劳动者之间为劳动关系；劳动者与用工单位间则仅有提供劳务时的指挥、监督关系。换言之，劳务派遣机构招用劳动者的目的是安排劳动者至用工单位处提供临时性劳务。因此，对劳动者而言，他们与劳务派遣机构之间形成的是劳动关系。我国《劳动合同法》第五十八条规定：劳务派遣单位是本法所称用人单位，应当履行用人单位对劳动者的义务。

综上所述，会展业的劳动关系管理由于其行业的特殊性，因而具有一定的复杂性，在实践操作过程中要区分各种不同的关系，符合法律法规的要求，力争做到用工规范。

复习思考题

1. 什么是劳动关系？劳动关系有哪些特征？
2. 什么是劳动合同？劳动合同有哪些特点？
3. 劳动合同的内容和种类各有哪些？
4. 哪些劳动合同是无效的？
5. 劳动合同解除有哪些情形，各有哪些法定条件？劳动合同解除的经济补偿标准是怎样的？
6. 什么是劳动合同的终止？劳动合同的终止有哪些情形？
7. 会展业的劳动关系管理有何特殊性？

第7章

企业人力资源管理统计

导入案例　企业月平均人数统计

某企业5月份每天实有从业人员情况为：1～7日，每天有100人；8～15日，每天有120人；16～21日，每天有110人；22～31日，每天有105人。试问5月份月平均人数为多少人？

第一节　人力资源管理统计概述

企业在日常管理中必然涉及一些数据的采集和统计，因此，掌握一些常用的统计知识很有必要。对于会展企业来说，其人力资源管理的统计工作同样需要运用以下的方法，因此不另加专门的阐述。

一、企业人力资源管理统计的定义和作用

企业人力资源管理统计是企业人力资源现象和过程观察的一种手段，是一种调查研究和分析的方法，更为确切地说是企业人力资源管理的一种定量分析方法。它的主要作用为：

第一，为编制企业人力资源规划提供依据，并检查企业人力资源规划的贯彻实施情况。

第二，为节约劳动力、提高劳动生产率和劳动效益服务。

第三，为企业管理提供科学依据。包括促进企业加强内部管理、为企业合

理、科学用工等提供科学数据。

第四，为政府部门制定劳动政策奠定基础。

二、企业人力资源管理统计的研究方法

企业人力资源管理统计主要是研究人力资源管理的数量表现与数量关系的观察分析方法，揭示客观现象的现状、发展、态势和规律性。它是一门方法论科学。其研究方法秉承了统计学的研究方法，并在此领域具体化和个性化。统计学研究的基本方法有大量观察法、统计分组法和综合指标法。在研究企业人力资源管理现象的过程中，这些方法得到了充分的使用和淋漓尽致的表现。统计研究的其他方法，如动态分析法、统计指数分析法、相关与回归分析法等，在企业人力资源管理统计中也扮演了非常重要的角色。

（一）大量观察法

大量观察法是指在客观事物的研究中，从总体出发对其全部单位或足够多数的单位进行观察和分析研究的方法。大量观察法是统计研究特有的方法，它是由统计学的研究对象及研究目的决定的。统计学研究的事物总体是由大量总体单位构成的，总体各单位由于受到诸多因素的影响，彼此数量之间存在着不同的差异。差异有大有小，差异原因有主有次，只有在大量观察的基础上，综合各单位的统计数据和各个调查单位表现出来的偶然的数值差异，才能显示总体的一般水平和发展变化规律。

大量观察法的意义在于通过把总体的全部单位或足够多数的单位联系在一起，使个别性因素的作用在这种联系中相互抵消，突出共同性因素的作用，从而显示出总体相对稳定的数量特征和数量关系，即数量规律性。

（二）统计分组法

统计分组法在统计研究中占有重要地位，它不仅是统计资料整理的重要组成部分，而且在整个统计工作阶段都能发挥自己特有的作用。在统计设计阶段，要根据研究对象的特点，按各种分类标准，确定反映总体不同性质特征的分类指标体系。在统计调查阶段，要根据具体的分组规定和分组方法，分门别类地收集有关数据。在统计资料整理阶段，需要对收集来的原始资料，按统计分析的要求进行分析或再分组。到统计分析阶段，则可以用类型分组、结构分组、水平分组、依存关系分组、时间阶段分组等各种分组方法进行统计分析，以反映总体内部不同分组条件下事物的相互联系、相互制约、彼此差异的现状、本质特征及其发展变化趋势。

（三）综合指标法

综合指标是说明现象总体数量特征的数据，它是统计学研究事物总体数量方面的基本手段或工具。综合指标按其表现形式分为总量指标、相对指标和平均指

标。总量指标的基本来源是对原始数据的整理汇总。以总量指标为基础，利用多种方法可以计算出各种派生的相对指标和平均指标。

在统计学的研究方法中，综合指标法有着极其重要的分析意义。它不仅分析现象的总体规模，而且分析现象的结构关系、比例关系、联系程度、集中趋势和差异程度，分析现象发展变化的规律，及影响现象变化的各个因素。可以说，统计分析就是对统计指标及指标关系的分析，也就是对现象的数量特征、数量关系、数量界线及其数量规律性的分析。

三、主要研究内容

研究企业人力资源的现象和过程，须用一系列的统计指标，从不同方向和层面反映企业人力资源的数量表现与数量关系。这些有联系的统计指标群体形成了企业人力资源管理统计指标体系。它主要包括如下几个方面：

（一）企业人力资源数量与素质统计

企业要开展生产经营与服务活动，必须配置足够多的、达到一定素质水平的人员。因此，首先应观察企业人力资源总量，设计、建立人力资源总量指标，如期末人数和平均人数等指标。其次，要研究企业人力资源的配置与构成情况。人力资源的配置包括优化配置、比例配置和均衡配置等，企业人力资源的构成有专业构成、技术构成、年龄构成、性别构成和工作性质构成等，它们都需要以相应的统计指标来显示。此外，还要建立企业人力资源变动统计指标，以反映企业人力资源的市场开发、招聘录用、辞退和退休等变动状况。企业人力资源素质是指身体素质、文化程度、技术水平、业务能力和品德教养等，研究企业人力资源素质状况，为企业加强职工的职业技能开发、引进企业急需的高水平人才、提高企业人力资源整体素质、促进企业生产经营和服务不断扩展与深化提供服务。

（二）企业人力资源的生活日分配统计

企业拥有足够多的具备一定素质的人力资源，是为了与生产资料相结合，从事生产经营与服务活动，即劳动力的具体使用。企业合理使用劳动力，应正确处理劳动者的生活日分配问题，规定合理的劳动时间和非工作时间。劳动时间的利用程度，对企业的生产经营和服务成果有着重要影响。因此，必须加强对劳动时间利用状况的统计研究。劳动者的非工作时间的分配情况，和劳动者劳动能力的再生产有直接联系；劳动者劳动能力再生产状况如何，和企业的生产经营与服务活动有直接联系。所以，还必须对劳动者的生活日分配进行统计观察。专业技术人员在企业人力资源总体中占有重要地位，因而对他们生活日分配情况的研究刻不容缓，这对于采取必要的措施，改善其工作环境和工作条件，充分发挥专门人才的聪明才智，促进企业的发展都是有利的。

（三）劳动环境与劳动保护统计

在企业人力资源的使用过程中，改善劳动环境，优化劳动条件，加强对劳动者的安全与健康的保护，既体现了社会主义市场经济条件下以人为本的理念，又有利于充分调动劳动者的积极性和创造性。劳动环境与劳动保护工作情况的统计包括：劳动环境统计、劳动保护措施统计、工伤事故统计和职业病统计等。

（四）劳动生产率与劳动效益统计

劳动生产率与劳动效益指标是企业人力资源管理统计的核心指标。在企业生产经营和服务规模一定的条件下，劳动生产率水平的高低决定着企业人力资源使用数量的多少，同样也决定着企业职工的劳动报酬水平。提高劳动生产率是节约劳动力、降低生产经营成本、增加盈利和提高经济效益的重要途径。所以说，劳动生产率是综合反映企业工作质量的极为重要的指标之一。

企业劳动生产率一般只反映企业生产经营过程中的劳动效率，而企业生产前的决策如何、产品推销和售后服务质量状况、劳动生产率很难反映。在社会主义市场经济体制下，企业的经济效益，除了受制于劳动生产率外，还取决于产前的决策、推销和售后服务质量状况。所以，为了适应社会主义市场经济的需要，促进企业经济效益的提高，除研究劳动生产率外，必须分析劳动效益，设立劳动效益指标。劳动效益指标是劳动生产率指标的必要补充，两者相辅相成，应结合运用。

（五）劳动定额统计

劳动定额完成情况指标、产品工时消耗统计和劳动定额工作统计等，构成企业劳动定额统计的基本内容。从本质上说，劳动定额是定额劳动生产率，用工时表现的劳动定额完成情况指标是劳动生产率指标的一种表现形式。由于劳动定额统计研究的特殊性、内容的差异、任务的不同，劳动生产率统计替代不了劳动定额统计，因此，劳动定额统计具有独立的意义。

（六）劳动报酬统计

企业支付给劳动者的劳动报酬，无论是以货币形式支付，还是以实物形式支付，其实质都是工资。企业进行工资核算，是企业整个经济核算的一个重要方面。工资核算的直接作用表现在两个方面，一是为了核算企业生产经营成本，二是表明职工的工资收入水平。因此，工资是企业和职工都非常关注的重要问题。正确处理企业内的工资分配问题，应该坚持如下原则：反对平均主义倾向，正确体现按劳分配原则；在企业经济效益不断增长的基础上，相应地稳步提高职工的工资水平；协调好企业发展所需资金与职工工资增长的关系；要适应全社会对消费基金的宏观调控的要求。企业人力资源管理统计研究工资问题，就是为了提供职工工资情况的数据资料，便于企业正确解决职工工资问题，处理好企业与劳动者的关系，充分调动各方面的积极性，促进企业全面发展。

（七）企业人力资源开发统计

在市场竞争十分激烈的情况下，随着科学技术的飞速发展，企业求生存、求发展，必须不断应用新技术与新工艺，开发新产品，提高产品质量和档次。这就要求企业要加大人力资源的开发力度，在人才市场上，广揽对企业发展有用的人才，加强人才信息的沟通，采取有效措施，拓宽招聘渠道，积极招聘，择优录用，调整企业人力资源的结构，补充新生力量。在企业内部，加强对现有职工的专业技术与技能的培训，使他们掌握新技术和新工艺，提高他们的技能水平。企业人力资源开发统计，要研究开发的各种表现、采用的形式和取得的成果及其对改善企业人力资源结构的作用，反映人力资源开发为企业带来的经济效益，以及为企业人力资源开发活动提供信息，以促进企业人力资源开发工作的步步深入。

（八）企业人力费用统计

人力费用即人工成本，是企业生产经营成本的重要组成部分。企业在市场博弈中占有优势，才能取得竞争的胜利，这些优势有产销对路、高技术含量、质优、售后服务优良和价格优势等。价格优势就是指价格合理或低价位。价格是由生产经营成本决定的。要有较低的价格，必须有较低成本支撑。成本由两大部分组成，一是物质消耗成本，二是人工费用。这两方面的节约，都会拉低价格。人力费用统计，要研究企业人力费用的结构、总量，研究人工成本水平，分析影响人工成本变动的各种因素，为企业采取得力措施、不断降低人力费用提供依据，促进企业竞争能力的进一步增强。

（九）劳动关系统计

劳动关系实际上是一种利益关系。有利益就会有矛盾。劳动合同制度、集体合同制度、职工民主管理制度以及劳动争议的处理制度、工会协调参与等，都是调整劳动关系的内容，通过对双方利益矛盾的调节，使劳动关系正常、健康地发展。工会是职工群众利益的代表，工会应积极维护职工群众的正当权益，要关注、参与、调解企业和职工在劳动关系中的有关权利与义务之间的矛盾，促进企业和谐、稳定与健康地发展。劳动关系统计，研究劳动者的参与情况和结果，分析并评价劳动仲裁的作用等。

（十）企业社会保险统计

企业社会保险是整个社会保险的重要组成部分，它是保障劳动者及其直系亲属在遇到各种风险时能获得物质帮助，以维持基本生活的一种社会保障制度，包括养老保险、失业保险、医疗保险和工伤保险等内容。企业的保险统计研究，观察各种社会保险在企业的实际运行情况，人员参与覆盖状况，各种保险基金的征缴情况，各种保险金的支付情况和支付水平等。通过社会保险统计分析，及时反馈信息，提供必要的信息咨询，是实行严格监督、参与社会保险管理决策的基础。

各企业为适应社会主义市场经济发展的需要，提高自身在市场中的竞争力，必须加强以人力资源管理为核心的企业管理，建立并健全企业人力资源管理统计指标体系。本章限于篇幅，仅研究企业人力资源数量和质量统计、劳动报酬统计、人工成本统计等常用的统计方法。

第二节　企业人力资源数量与素质统计

一、企业人力资源数量统计

（一）月平均人数

月平均人数是一个月内平均每天拥有的人力资源数量，其计算公式为：

$$月平均人数=\frac{月内每天实有人数累计}{月内日历天数}$$

（二）季平均人数

季平均人数是指报告季内平均每天实有的人数，其计算公式为：

$$季平均人数=\frac{季度内各月平均人数之和}{3}$$

（三）上（或下）半年平均人数

半年平均人数是上半年或下半年企业人力资源平均每天实际拥有的人数。具体计算方法有两种：

1. 按月平均人数计算

$$上（或下）半年平均人数=\frac{上（或下）半年各月平均人数之和}{6}$$

2. 按季平均人数计算

$$上（或下）半年平均人数=\frac{\begin{array}{c}第一、第二（或第三、第四）\\ 季度平均人数之和\end{array}}{2}$$

同样地我们可以依此类推出年平均人数。

（四）企业从业人员增加（减少）率

指在一定时期内的增加（减少）人员数与期末（初）总人数的比率，用公式表示为：

$$企业从业人员增加率=\frac{本期增加从业人员人数}{企业期末从业人员总数}\times 100\%$$

同样地，计算企业从业人员的减少率，用公式表示为：

$$企业从业人员减少率=\frac{本期减少从业人员人数}{企业期初从业人员总人数}\times 100\%$$

（五）企业从业人员流入（出）率

指在一定时期内流入（出）企业的从业人员的人员人数与期末（初）从业人员总人数的比率。用公式可表示为：

$$企业从业人员流入率=\frac{本期从业人员流入人数}{企业期末从业人员总人数}\times 100\%$$

$$企业从业人员流出率=\frac{本期从业人员流出人数}{企业期初从业人员总人数}\times 100\%$$

二、企业人力资源素质统计

企业人力资源素质是指企业人员在劳动中运用劳动能力综合水平的高低程度。它包括个体素质和整体素质两大方面。

（一）个体素质

衡量人力资源素质的主要标志是人的体力和智力水平，而人的体力、智力又是建立在其身体健康状况、文化程度的基础之上，且与性别、年龄有很大关系。因此，健康状况、文化程度、年龄、性别都是反映人力资源素质的间接指标。劳动积极性制约、影响着人的体力、智力、能力的发挥、运用和实现的程度，因此，也是构成劳动力素质的重要指标。而能力则是反映人力资源素质的一个综合指标。

1. 体力

体力是指人体在活动时所能付出的力量，通常表现为人的意识支配下的肌肉运用。其基本要素包括五个方面：力量、速度、耐力、柔韧和灵敏。

衡量人力资源素质，体力是最基本的一个方面。虽然科技的进步使人们不断从过去繁重、单调的体力劳动中解脱出来，但对劳动者的体力要求却并没有降低。精密、复杂的现代劳动往往要求劳动者反应敏锐、动作准确、精力集中，这些都是需要有很强的体力条件支持的。

2. 智力

智力是人们认识、理解客观事物，获取知识，并运用知识、经验等解决问题的能力。它由六个基本要素，即观察力、理解力、记忆力、想象力、思考力、判断力构成。智力是人在从事社会实践活动、掌握人类的知识和经验的过程中不断得到发展和提高的。一个人智力水平的高低是以其认识客观事物的正确、完全、深刻程度及其获取并运用知识解决实际问题的速度和质量表现出来的。

在现代社会，智力水平是衡量人力资源素质的最重要因素，科技的进步与发展要求人们不断掌握大量的知识和信息，并进行准确、迅速的处理与更新。没有高水平的智力作保证，这些是难以实现的。

3. 健康状况

健康状况是从人的解剖生理特性来理解的，指组成人体的八大系统的运行情况，是构成人的体力、智力的物质基础。一个人的健康状况不佳，其体力、智力水平就会受到不同程度的影响。

4. 文化程度

文化程度指接受教育、训练并通过自学与实践所获得知识的高低程度。不同单位的不同工作职位，往往需要具有不同文化程度的人来承担。文化程度的高低也代表了一个人自学能力的起点。现代社会知识、信息的更新使得仅靠教育训练所掌握的知识远远不能满足，而自学能力的高低又是受教育、训练程度的高低所制约的。

5. 性别

男、女在生理、心理特点上的不同，使其在体力、智力方面各有侧重，导致对不同工作的适应程度不一样。男性一般体力较好，有些工作，如钳工、炉前工、装卸工等，男性做起来比较合适；而女性则一般适合于做一些细致、精密的工作，如纺织、护理行业等。因此，对某些工作来讲，性别往往也作为衡量人力资源素质的一个标准。

6. 年龄

与性别相似，年龄也是影响人力资源智力、体力水平的一个因素。一般来说，青年人体力强壮，精力旺盛，头脑灵活，容易接受新鲜事物，但缺乏足够的经验与耐力，考虑问题往往不全面，容易偏颇；中年人精力仍处于旺盛时期，知识、阅历日趋丰富，经验积累较多，办事比较沉稳；而老年人则经验丰富，威信较高，处事周全，但体力开始下降，精力也明显不济，且不易接受新鲜事物。人的体力、智力水平往往从青年到中年趋于上升，到老年则显著下降。

除生理年龄外，工龄也可作为衡量某种工作人员素质的一个指标。这里的工龄指的是劳动者从事某一项工作的时间长度。一般情况下，工龄长的职工实践经验丰富，业务技术熟练程度高，对某项工作来讲，他们比短工龄职工素质高一些。

7. 劳动积极性

劳动积极性是人力资源在劳动中发挥主观能动性的程度，它制约和影响着人的劳动能力的发挥。它包括三个方面的因素，即劳动态度、劳动行为和劳动效果。它虽然对劳动者的体力、智力没有特别的影响，但却制约着劳动者体力、智力的充分表现，因此，也是衡量人力资源素质的重要综合指标。

劳动积极性的三个方面紧密联系，劳动态度决定着劳动行为的产生和发展，直接影响着劳动效果，而劳动行为则是决定劳动效果的直接因素。

8. 能力

能力是衡量人力资源素质的一个包含范围很广的综合指标。它是人综合运用体力、智力的体现，包括运用经验的能力、获得信息的能力、说服能力、口头表达能力、人际交往能力、处事能力、评价能力、动手操作能力、独立工作能力等

（二）整体素质

无论哪个级别的群体，班组、车间、科室，或是企业，都存在着人力资源整体素质的问题。我们研究人的个体素质，最终还是设计指标评价群体的整体素质。而整体素质却不单单是人力资源个体素质的简单加总，还要取决于人员的合理结构。结构合理，往往会表现出整体大于部分总和的结果，不同素质类型、不同素质水平人才的合理配置，可以创造出新的群体工作能力；而不合理的结构则会出现“内耗”的现象，即使每个人的素质都很高，整体素质也可能极低。

第三节　人力资源成本统计

一、人力资源成本的定义

人力资源成本会计是较早提出、比较成熟的人力资源会计计量模式。20 世纪 70 年代，美国会计学者弗兰霍尔茨将其定义为：“为取得、开发和重置作为组织的资源的人所引起的成本的计量和报告。”

所谓成本，就是指依附于一定的对象（产品）且使这个对象发生价值增减变动而支出的各项费用之和。人力资源成本就是使人力资源价值发生增减变动而支出的各项费用之和。

人力资源成本会计的特点是通过单独计量人力资源招聘、选拔、安置、培训等成本，将有关人力资源取得和开发的成本进行资本化，形成人力资产，然后按受益期转作费用。

总之，人力资源成本是指为了获得企业的人力资源而发生的招聘、录用、教育、培训、使用、管理、医疗、保险、福利等方向的费用或支出，如图 7—1 所示。

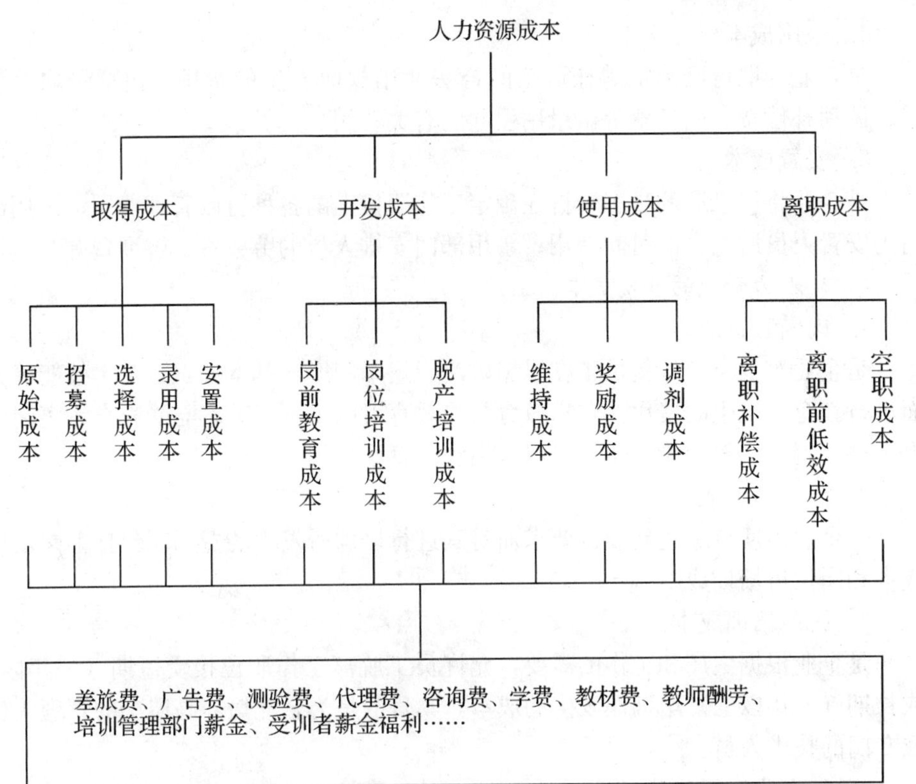

图 7—1 人力资源成本

二、人力资源成本的范围

（一）人力资源的取得成本

1. 原始成本

即用人单位获得人力资源的“购入”成本。比如，学生李平在大学毕业时，已投入各种教育投资合计 99 500 元，对用人单位来说即为原始成本。

2. 招募成本

是为吸引和确定企业所需内外人力资源而发生的费用，主要包括招募人员的直接劳务费用、直接业务费用（招聘洽谈会议费、差旅费、代理费、广告费、宣传材料费、办公费、水电费等）、间接费用（行政管理费、临时场地及设备使用费）等。

3. 选择成本

是企业为选择合格的员工而发生的费用，包括各个选拔环节如初试、面试、心理测试、评论、体检等过程发生的一切与决定录取或不录取有关的费用。

4. 录用成本

是企业为取得已确定聘任员工的合法使用权而发生的费用，包括录取手续费、调动补偿费、搬迁费等由录用引起的有关费用。

5. 安置成本

是企业将被录取的员工安排在确定工作职位上的各种行政管理费用；录用部门为安置人员所损失的时间费用；录用部门安排人员的劳务费、咨询费等。

（二）人力资源的开发成本

1. 岗前教育成本

是企业对上岗前的新员工在思想政治、规章制度、基本知识、基本技能等方面进行教育所发生的费用。包括教育与受教育者的工资、教育与受教育者离岗的人工损失费用、教育管理费、资料费用和教育设备折旧费用等。

2. 岗位培训成本

是企业为使员工达到职位要求而对其进行培训所发生的费用。包括上岗培训成本和岗位再培训成本。

3. 脱产培训成本

是企业根据生产和工作的需要，允许员工脱离工作职位接受短期（一年内）或长期（一年以上）培训而发生的成本，其目的是为企业培养高层次的管理人员或专门的技术人员。

（三）人力资源的使用成本

1. 维持成本

是保持人力资源维持其劳动力生产和再生产所需要的费用，是员工的劳动报酬，包括工资、津贴、年终分红等。

2. 奖励成本

是为了激励企业员工发挥更大作用，而对其超额劳动或其他特别贡献所支付的奖金，包括各种超产奖励、革新奖励、建议奖励和其他表彰支出等。

3. 调剂成本

是调剂员工的工作与生活节奏，使其消除疲劳、稳定员工队伍所支出的费用。包括员工疗养费用、娱乐及文体活动费用、员工定期休假费用、节假日开支费用、改善企业工作环境的费用等。

（四）人力资源离职成本

1. 离职补偿成本

是企业辞退员工，或员工自动辞职时，企业所应补偿给员工的费用，包括至离职时间止应付员工的工资、一次性付给员工的离职金、必要的离职人员安置费等支出。

2. 离职前低效成本

是员工即将离开企业而造成的工作或生产低效率损失的费用。

3. 空职成本

是员工离职后职位空缺的损失费用，由于某职位空缺可能会使某项工作或任务的完成受到不良影响，从而会造成企业的损失。

三、常用的计算口径

（一）日工资的计算

指日工资性收入，即为月工资性收入除以月制度工作日。用公式表示为：

$$日工资=\frac{月工资性收入}{月制度工作日（20.92天）}$$

于是就可以得出：

$$小时工资=\frac{月工资性收入}{月制度工作小时（20.92\times 8）}$$

（二）企业工资总额的计算

企业工资总额是指企业在一定时期内，以货币实物形式或其他形式支付给企业全体人员的劳动报酬总额。包括计时工资、计件工资、奖金、津贴和补贴、加班加点工资和其他相关福利的总和。

第四节　其他人力资源统计

一、职业安全统计

（一）工伤事故统计

包括工伤事故次数、工伤人数、工伤人次数等。

（二）职业病统计

目前我国公布的职业病共有10类115种，包括职业病死亡人数、职业病“病例”数等。

二、劳动关系统计

与我国劳动关系发展相适应，我国目前的劳动关系统计主要包括：

（一）劳动组织统计

包括工会组织情况统计和经理人员组织情况统计。其中，工会组织情况统计主要包括工会经济工作、工会保障工作、职工民主管理工作、工会法律工作和职工文化体育事业等统计；经理人员组织情况统计包括组织个数统计和会员数统计。

（二）劳动争议处理统计

主要包括劳动争议处理情况统计，因劳动争议引起的集体上访、罢工情况统计，劳动争议组织工作统计。

（三）集体合同和劳动合同统计

包括集体谈判情况，集体合同审核情况，劳动合同鉴定情况，劳动合同变更、解除、终止情况。

（四）劳动能力鉴定统计

包括工残人数统计和劳动鉴定机构统计。

此外还有许多统计内容，限于篇幅，不一一介绍。有兴趣的读者可以参阅这方面的专门教材。

复习思考题

1. 企业人力资源统计的作用有哪些？有哪些统计的方法？
2. 企业人力资源统计的主要研究内容有哪些？
3. 企业人力资源数量统计的内容和公式分别是什么？
4. 企业人力资源成本的范围包括哪些？常用的计算口径有哪些？

参考书目

1. ［美］詹姆斯·W·沃克. 人力资源战略. 北京：中国人民大学出版社，2001

2. ［美］查尔斯·R·格里尔. 战略人力资源管理. 北京：机械工业出版社，2004

3. ［美］赖尔·约克斯. 战略人力资源开发. 大连：东北财经大学出版社，2007

4. ［英］迈克尔·普尔等主编. 人力资源管理手册. 沈阳：辽宁教育出版社，1999

5. ［美］乔治·伯兰德等. 人力资源管理（第十三版）. 大连：东北财经大学出版社，2006

6. ［美］韦恩·卡西欧等. 人力资源管理中的应用心理学. 北京：北京大学出版社，2006

7. ［美］乔治·T·米尔科维奇. 人力资源管理（第八版）. 北京：机械工业出版社，2002

8. ［加］西蒙·多伦等. 人力资源管理：加拿大发展的动力源. 北京：中国劳动社会保障出版社，2000

9. ［美］爱德华·拉齐尔. 人事管理经济学. 北京：三联书店、北京大学出版社，2000

10. ［美］乔治·T·米尔科维奇等. 薪酬管理（第六版）. 北京：中国人民大学出版社，2002

11. ［美］苏珊·E·杰克逊，兰德尔·S·舒勒. 管理人力资源（第7版）. 北京：中信出版社，2006

12. ［美］加里·德斯勒. 人力资源管理（第9版）. 北京：中国人民大学出版社，2005

13. [美] R·韦恩·蒙迪等. 人力资源管理（第 8 版）. 北京：经济科学出版社，2003

14. [英] 迈克尔·阿姆斯特朗. 战略化人力资源基础. 北京：华夏出版社，2004

15. [美] 雷蒙德·A·诺伊. 人力资源管理：赢得竞争优势（第 5 版）. 北京：中国人民大学出版社，2005

16. [美] 威廉·P·安东尼等. 人力资源管理：战略方法（第四版），北京：中信出版社，2004

17. [美] Milton T. Astroff 等. 会展管理与服务（第五版）. 北京：中国旅游出版社，2002

18. 马新建. 人力资源管理与开发. 北京：石油工业出版社，2003

19. 安鸿章主编. 现代企业人力资源管理（第 2 版）. 北京：中国劳动社会保障出版社，2003

20. 孙健敏. 组织与人力资源管理. 北京：华夏出版社，2002

21. 孙健敏主编. 人力资源管理. 北京：高等教育出版社，2005

22. 董克用等. 人力资源管理概论. 北京：中国人民大学出版社，2003

23. 王垒主编. 人力资源管理. 北京：北京大学出版社，2001

24. 吴国存等主编. 人力资源开发与管理概论. 天津：南开大学出版社，2001

25. 杨蓉主编. 人力资源管理. 大连：东北财经大学出版社，2002

26. 林玳玳等主编. 现代企业人力资源管理设计. 北京：中国劳动社会保障出版社，2004

27. 姚裕群主编. 人力资源开发与管理概论. 北京：高等教育出版社，2003

28. 萧鸣政. 人力资源开发学——开发组织内人力资源的理论与方法. 北京：高等教育出版社，2002

29. 陈远敦等. 人力资源开发与管理. 北京：中国统计出版社，1995

30. 黄维德等. 人力资源管理. 北京：高等教育出版社，上海：上海社会科学院出版社，2000

31. 李小勇. 100 个成功的人力资源管理. 北京：机械工业出版社，2004

32. 孟昭宇主编. 中外企业人力资源管理. 北京. 经济管理出版社，2003

33. 卿涛主编. 人力资源管理案例集. 成都：西南财经大学出版社，2006

34. 余凯成等. 组织行为学. 大连：大连理工大学出版社，2000

35. 万力主编. 人力资源新档案. 北京：民主与建设出版社，2002

36. 康士勇主编. 薪酬设计与薪酬管理. 北京：中国劳动社会保障出版

社，2005

37. 刘昕．薪酬管理．北京：中国人民大学出版社，2002

38. 高成男等．西方银行薪酬管理．北京：企业管理出版社，2000

39. 晓明等．工作分析实务手册．北京：机械工业出版社，2002

40. 杨杰．有效的招聘．北京：中国纺织出版社，2003

41. 华茂通咨询编．员工招聘与选拔．北京：中国物资出版社，2003

42. 赵曙明．人力资源战略与规划．北京：中国人民大学出版社，2002

43. 华茂通咨询编．工作分析与职位描述．北京：中国物资出版社，2003

44. 刘井主编．现代成功企业人力资源管理文案范本．北京：中国时代经济出版社，2002

45. 杨燕绥主编．劳动和社会保障法．北京：中国劳动社会保障出版社，2005

46. 黎建飞主编．劳动法案例分析．北京：中国人民大学出版社，2007

47. 左祥琦．用人单位劳动法操作实务．北京：法律出版社，2002

48. 董保华主编．劳动力派遣．北京：中国劳动社会保障出版社，2007

49. 杨春兰主编．会展概论．上海：上海财经大学出版社，2006

50. 刘大卫主编．现代人力资源管理（修订版）．北京：中国人事出版社，2006

后记

如今走进书店就可以发现人力资源管理方面的书真可谓琳琅满目，但是信手翻阅，却颇有似曾相识、彼此雷同的感觉，主要是缺乏特色的缘故。

对于人力资源管理这样一门非常热门的专业而言，要想写出一本颇具特色的书无外乎两大途径：第一种是向纵深发展，即深究某个主题，将其写深、写透，力争穷尽该主题中的所有内容，这方面已不乏佳作，但这类写作往往会陷入实务操作的“泥潭”而不能自拔，即写作过于精细而具体到某个案例，一旦具体到案例就成了具体问题研究，往往缺乏普遍指导意义，显然对于教材的写作是不太适合的；而第二种则是将人力资源管理的普遍原理同某一行业相结合，既介绍通用的技术与方法，也结合行业的特殊性，本书大概就是这样一种尝试，并且笔者认为这种结合将逐渐成为一种趋势。

本书在写作的过程中注重下列三方面的特点：

一是实用性。作为一本教材，不需要太高深的理论知识，而更应注重实用价值，能够学以致用，因此，本书介绍的都是人力资源管理中最常用的技术和方法。

二是新颖性。本书也注意吸收最新的一些技术和方法，如 STAR 面试法、基于胜任力的员工开发技术等，力争同人力资源管理的前沿技术相结合。

三是行业特殊性。每章基本上都有一节反映会展行业的人力资源管理的特殊性，说明人力资源管理在会展业中的运用。但需要指出的是，关于人力资源管理与会展业的结合，目前的研究可以说是探索性的，所以二者的结合更多的是体现企业人力资源管理的共性。

笔者为写作此书曾试图通过各种途径查阅国内外有关会展业人力资源管理方面的材料，但所能检索到的文献资料甚少，这一方面的研究也几近空白，因此，本书也只能是抛砖引玉之作，难免挂一漏万，祈盼专家、读者批评指正！

本书的写作得到上海应用技术学院经济管理学院院长曾亚强教授的指导和鼓励，深表谢意！同时也感谢中国人民大学出版社教育出版分社编辑的辛勤工作，使得本书得以顺利出版。

本人联系方式：davidliu6688@126.com 或 dwliu@re.ecnu.edu.cn。

刘大卫

2007 年 6 月于上海

作者简介

刘大卫，男，华东师范大学博士，多所著名大学人力资源管理专业兼职教授、兼任上海应用技术学院人力资源研究所所长、上海劳动与社会保障学会人力资源专业委员会副主任、上海企业家联合会管理咨询委员会副主任、中国劳动学会薪酬专业委员会理事、上海专才管理顾问有限公司总经理兼首席顾问，曾获得美国认证协会“精英教授奖”，2005 年被评为“上海优秀企业管理咨询师”、2006 年被评为“中国著名管理咨询师”。

曾为世界 500 强企业如西门子、百事可乐、飞利浦、杜邦、巴斯夫等和国内知名企业如中国电信、上海宝钢、上海地铁、华能集团、光明集团、紫江集团、西恩迪、金信信托、孔雀香精、新城股份、上港集箱、远程教育集团、中远集团、特变电工、上海电力、明基电通、日立电器、交通银行、中国电信、良友集团、中国工商银行、宝冶集团、中远物流、中原地产、上海外航、704 研究所、708 研究所、711 研究所、中信国健、宝信软件、上海纺织控股等提供专业人力资源管理服务。

共接受各类媒体采访 200 余次，发表了约 400 万字的人力资源管理文章，出版有《企业并购中的人力资源整合研究》等 9 本著作，在核心期刊上发表论文 20 余篇。

作者联系方式：

davidliu6688@126. com 或 dwliu@re. ecnu. edu. cn